ARISHIMA Takeo

Les jours de Yôko

Roman traduit du japonais
par M. Yoshitomi et Albert Maybon

Revu et présenté par Christian Galan

Éditions
Philippe Picquier

Titre original : *Aru onna*

Mas de Vert
B.P. 150
13631 Arles cedex

En couverture : Soap, Shinsui Ito, 1919.

Conception graphique : Picquier et Protière

ISBN : 2-87730-375-6
ISSN : 1251-6007

Préface

Je suis née à une époque qui n'était pas la mienne, dans un pays où je n'aurais pas dû naître.

Première femme véritablement moderne de la littérature japonaise, révoltée, lucide, passionnée, Yôko est aussi, sans aucun doute, dans ses désirs d'ailleurs et d'amour, le personnage féminin le plus actuel des romans japonais d'avant-guerre. Ses rêves – la liberté contre la routine du foyer, la liberté contre toute forme d'asservissement – sont ceux, de plus en plus ouvertement revendiqués, d'un nombre croissant de femmes et de jeunes filles japonaises d'aujourd'hui. La « révolution silencieuse » qu'annoncent les médias de l'archipel pourrait en effet trouver plusieurs de ses mots d'ordre dans *Les Jours de Yôko* : « Peut-être que là-bas la vie pratique s'accorde avec l'amour. Peut-être que là-bas le charme féminin est libre de tout joug et peut agir par son propre pouvoir...

Peut-être que là-bas, avec de l'intelligence et des talents, la femme sait faire reconnaître sa valeur sans l'aide de l'homme... Peut-être est-il possible, pour elle, de respirer librement. »

Le plus étonnant reste cependant que ce personnage en avance sur son temps soit né sous la plume d'un homme que rien ne prédestinait au rôle de premier écrivain féministe de son pays.

Fils aîné d'une famille de sept enfants dont la lignée est issue du prestigieux clan guerrier de Satsuma (Kyûshû), Arishima Takeo naît le 4 mars 1878 à Tôkyô. La Restauration de Meiji (1868) a fait de son père un haut fonctionnaire (douanes, puis ministère des Finances) qui fera fortune dans les affaires au moment de la guerre sino-japonaise (1894-1895).

Elevé selon les principes sévères de l'éducation classique, Arishima doit cependant à la clairvoyance de son père d'être initié à l'anglais dès l'âge de cinq ans – avant même d'entreprendre véritablement l'étude du japonais ! Ce père, Ari-shima Takeshi, en poste dans un Yokohama où l'influence de l'Occident s'incarne dans la présence physique des étrangers, et favorable à l'esprit d'ouverture qui balaye la société nippone, confie ensuite son fils à l'école des Missions de la ville. Arishima y passe toute sa scolarité élémentaire. A dix ans, cependant, pour garantir son avenir, sa famille le fait entrer à l'école des Pairs que fréquentent l'aristocratie et l'élite japonaises. Le petit Takeo y passe les huit années suivantes en tant qu'interne. L'excellence de son travail ainsi que sa droiture et son caractère agréable le conduisent à être choisi comme « camarade d'école » du futur empereur Taishô (1879-1926), mais, au fil des ans, l'élève modèle a de plus en plus de mal à évoluer dans un milieu qui bride son sens artistique et qu'il finit par détester. Il trouve alors refuge dans la littérature et l'histoire, et s'essaye à l'écriture.

L'éducation cosmopolite qu'il a reçue dès son plus jeune âge a fait de l'adolescent Arishima un être déjà à part, tiraillé entre deux cultures, deux conceptions de la société et des relations aux autres. Il n'est certes pas le seul dans ce cas – beaucoup de jeunes Japonais de cette époque éprouvent quelques difficultés à se situer entre Japon et Occident –, mais peu ont, comme lui, digéré aussi complètement et aussi profondément la langue et l'esprit des « étrangers ».

En 1896, à dix-huit ans, fragilisé par diverses maladies et ne pouvant plus supporter la vie de Tôkyô, Arishima choisit d'entrer à l'École supérieure d'agriculture de Sapporo avec, pour but affiché, de devenir fermier. L'Hokkaidô, l'île la plus septentrionale du Japon, est à l'époque une terre de pionniers, libre et sauvage, et sa nature immense et vierge attire son esprit idéaliste. Ce départ – en fait un exil volontaire – est, pour lui, le seul moyen de rompre géographiquement et spirituellement avec son père, avec l'élite bourgeoise et le chemin tout tracé qu'elle destine à ses enfants, ainsi qu'avec l'État de Meiji. Ruptures qu'il consomme en 1899 en choisissant, contre la volonté des siens, la foi chrétienne. S'il cherche dans l'Église une autorité supérieure substituable à celle d'un État qu'il abhorre, l'Église est également pour lui le moyen de se rapprocher des classes défavorisées de la société et de partager, dans l'amour chrétien, sinon leur vie même, du moins leurs souffrances et leurs espérances. Mais sa conversion, loin de lui apporter l'apaisement, l'entraîne progressivement dans le désespoir en ajoutant à ses contradictions antérieures celle qui, dans le christianisme, oppose l'exaltation de l'amour au péché de la chair.

Après une année de service militaire durant lequel s'affirment son... pacifisme et son rejet du patriotisme ambiant, il part, en 1903, pour les Etats-Unis où il séjourne trois ans. Il étudie tout d'abord l'histoire et l'économie au Haverford College, en Pennsylvanie, puis, en 1904, entre à l'université de Harvard, où il s'intéresse à la question ouvrière. S'ouvre alors pour Arishima une période de doutes violents, doutes sur sa vocation d'écrivain et doutes sur sa foi. Ses lectures : Tourgueniev, Ibsen, Tolstoï et surtout Whitman dont la poésie le bouleverse ; ses incursions dans la vie réelle des travailleurs : il sera tour à tour infirmier dans un hôpital psychiatrique et travailleur dans les champs ; l'attitude des Américains vis-à-vis de la guerre russo-japonaise (1904-1905), mélange de xénophobie et de curiosité amusée : tout va l'amener progressivement à se détacher du christianisme pour se tourner vers les idées socialistes (Marx, Engels, Kropotkine), le pacifisme, et la littérature d'inspiration prolétarienne. Il hésite alors entre diverses voies : éducateur, paysan, écrivain... Et c'est ainsi qu'il rédige en 1901, alors qu'il se trouve encore à Washington, *Kankan mushi* (« L'Insecte gratteur »[1]), avant de s'embarquer pour un séjour de cinq mois en Europe, séjour qui l'entraînera à Naples et à Londres notamment. Dans cette dernière ville se déroule, en 1907, un événement clé de son existence : sa rencontre avec l'anarchiste russe Kropotkine (1842-1921) qu'il admire et dont il a lu les écrits aux Etats-Unis.

De retour au Japon en 1908 – c'est sans enthousiasme aucun qu'il rentre dans son pays –, il est engagé comme professeur d'anglais dans son ancienne école de Sapporo devenue entretemps l'Université impériale d'agriculture du Tohoku. Il se marie l'année suivante et mène dès lors de front sa carrière d'enseignant, son œuvre d'écrivain et une réflexion politique qui, si elle ne débouchera jamais sur un engagement collectif, guidera désormais sa conduite. En 1910, il quitte l'Eglise indépendante de Sapporo et abandonne sa foi.

---

1. Publié en 1910.

La même année, il rejoint, avec d'autres jeunes écrivains issus des milieux aisés (Musha-nokôji Saneatsu (1885-1976), Shiga Naoya (1883-1971)... et son propre frère Arishima Ikuma (1882-1974)), la revue *Shirakaba* (« Blanc Bouleau » 1910-1923), revue qui se pose en alternative aux courants littéraires dominants de l'époque, au naturalisme notamment. Lucide face à l'idéalisme généreux et à l'optimisme utopique de ses amis, Takeo leur opposera une œuvre au bout du compte extrêmement sombre. Il occupe ainsi une place singulière dans le groupe dont il est un des membres les plus âgés – ailleurs et au-dessus, selon de nombreux critiques. Certains voient même dans ses écrits comme une prescience de la mise au pas ultérieure des intellectuels et des artistes par les militaires. Les titres de ses romans ou de ses nouvelles donnent en tout cas un aperçu de la tonalité de l'œuvre : *Meiro* (« Le Labyrinthe », 1915-1918), *Sengen* (« Déclaration », 1915), *Shi to sono zengo* (« La Mort et ce qu'il y a avant et après », 1915), etc. Arishima travaille et publie beaucoup, principalement dans *Shirakaba* : romans, nouvelles, articles, essais sur des écrivains étrangers et traductions, dont les poèmes de Whitman.

Après la naissance de leur troisième enfant en 1914, sa femme, Yasuko, tombe subitement malade, et les mois qui suivent sont une lutte de tous les instants contre la tuberculose qui la ronge.

1916 est une année charnière dans la vie d'Arishima. Après avoir perdu sa femme et son père, il démissionne de son poste de professeur au tout début de l'année suivante et part avec ses enfants pour Tôkyô. Il se consacre dès lors entièrement à l'écriture, mais sans jamais cependant sacrifier sa vie familiale à son œuvre. Il publie coup sur coup quelques-uns de ses textes les plus fameux : *Kain no matsuei* (« Les Descendants de Caïn », 1917), qui assure sa renommée, *Jikkenshitsu* (« Le Laboratoire », 1917), *Chiisaki mono e* (« A mes tout-petits », 1918), *Umareizuru nayami* (« La Douleur de naître », 1918), *Aru onna* (« Une femme », 1919), etc. Il compte alors parmi les écrivains les plus connus du Japon, même si certains reprochent à ses œuvres d'être, dans leur conception et dans leur inspiration, trop « européennes », et rédigées trop souvent dans un style affecté non dépourvu de mièvrerie.

Contemporain de Nagai Kafû (1879-1959), Shimazaki Tôson (1872-1943) ou encore Tayama Katai (1872-1930), pour ne s'en tenir qu'aux écrivains qui ont été traduits en français, Arishima occupe une place particulière au sein de cette première génération d'intellectuels nés après la Restauration. Esprit critique, mais d'une honnêteté qui confine à l'autoflagellation, il cherche avant tout à vivre ses engagements à la première personne, à se changer lui-même avant de changer les autres. Authentique, son engagement socialiste et révolutionnaire est toutefois, à ses yeux mêmes, sans espoir et voué à l'échec du fait même de sa naissance. Arishima considère en effet, comme il l'expliquera dans *Sengen hitotsu* (« Une Déclaration », 1922), que les intellectuels d'origine bourgeoise comme lui sont *de facto* exclus des luttes ouvrières qui s'annoncent. Quant à leur prétention à vouloir jouer un rôle dans le mouvement révolutionnaire, voire à l'organiser afin de résoudre les problèmes d'ouvriers dont ils sont incapables de vivre la vie, il la juge parfaitement illégitime. En 1922, sans illusion sur son geste, il distribue aux fermiers qui les cultivent l'ensemble des terres de l'Hokkaidô qu'il a reçues à la mort de son père : on peut certes se débarrasser de ce que l'on a, mais pas de ce que l'on est, et ce qu'il est le condamne à l'inaction.

Ce sentiment d'inutilité sociale ou politique et son auto-exclusion d'un mouvement auquel il se sent par ailleurs viscéralement attaché, ajoutés à la tournure sordide qu'est en train de prendre l'amour adultère qu'il partage depuis peu avec l'écrivain et journaliste mariée, Hatano Akiko, le conduisent à mettre fin à ses jours le 9 juin 1923 dans un double suicide qui ébranle l'opinion publique. Cette mort, rupture finale dans laquelle se retrouvent les engagements antérieurs d'Arishima, est pour le couple l'ultime échappatoire à la passion et la manifestion suprême d'un amour qui ne pouvait qu'être absolu.

Courageux, révolutionnaire, lucide, volontaire, désillusionné, tragique, individualiste, intransigeant, indépendant, angoissé, narcissique, occidentalisé, moderne... la plupart des qualificatifs généralement utilisés pour décrire Arishima sont aussi ceux qui semblent le mieux définir Yôko, le personnage principal de son roman phare *Les Jours de Yôko* que nous avons le plaisir de présenter ici. Certains n'ont d'ailleurs pas hésité à déclarer, à l'instar du fameux « Madame Bovary, c'est moi » de Flaubert, que Yôko, c'était Arishima. Lui-même se voyait plutôt dans le personnage de Kôto. Ne lire cependant *Les Jours de Yôko* que comme un roman à clés et céder au petit jeu du « qui est qui ? » serait passer à côté de l'essentiel[1]. D'ailleurs, lors de sa parution, peu de lecteurs japonais ont abordé l'œuvre par ce biais.

Les Jours de Yôko, Aru onna (« Une femme ») en japonais, que d'aucuns considèrent comme le meilleur roman d'Arishima, parut tout d'abord en plusieurs livraisons entre janvier 1911 et février 1913, dans la revue *Shirakaba*, sous le titre *Aru onna no gurinpusu* (« Instantanés d'une femme »). Arishima révisa ensuite l'ensemble et le republia en 1919 sous le titre *Aru onna*. Il lui ajouta également une suite ou, plutôt, une fin, achevant de raconter l'histoire de Yôko en une

---

1. Yôko serait en fait Sasaki Nobuko qu'épousa l'écrivain naturaliste Kunikida Doppo (1871-1908), lui-même dépeint dans le roman sous les traits de Kibe. Séparée de l'écrivain et en route pour rejoindre son nouveau fiancé Mori Hiroshi (Kimura), un ami d'Arishima, cette Nobuko serait tombée amoureuse du commissaire de bord, etc.

seconde partie, qui est, elle, uniquement le fruit de son imagination.

La traduction que l'on trouvera ici est celle que donnèrent de la première partie de la version définitive de 1919 Yoshitomi Masaomi et Albert Maybon[1]. Elle fut publiée en 1926 chez Flammarion sous le titre « *Cette femme-là.* Roman japonais contemporain. [de] Arishima Takérô [*sic*] »[2]. On en a retouché certains aspects (transcriptions des noms japonais, actualisation du vocabulaire et de la syntaxe, suppression de certains archaïsmes, etc.), mais sans jamais remettre en cause les choix initiaux des deux traducteurs, notamment les nombreuses coupures qu'ils ont effectuées et, les non moins nombreux raccourcis qu'ils ont pris par rapport au texte original. *Traduttore, traditore*, le refrain est connu, mais force est de constater que Yoshitomi et Maybon ont pris de très grandes libertés avec le texte qu'ils entendaient servir – et

---

1. Albert Maybon a par ailleurs écrit, dans son ouvrage paru à la même époque : *Le Japon d'aujourd'hui* (Paris, Flammarion, 1924), quelques pages intéressantes sur Arishima et le groupe Shirabaka.

2. On ne peut ici s'empêcher de penser aux quelques lignes que Maurice Blanchot, dans *La Part du feu*, consacre à la locution « cette femme » – traduction possible du titre japonais : « Le mot me donne ce qu'il signifie, mais d'abord, il le supprime. (...) Quand je dis "cette femme", la mort réelle est annoncée et déjà présente dans mon langage. (...) Mon langage ne tue personne. Mais, si cette femme n'était pas réellement capable de mourir, si elle n'était pas à chaque moment menacée de la mort, liée et unie à elle par un lien d'essence, je ne pourais pas accomplir cette négation idéale, cet assassinat différé qu'est mon langage. »

en ce sens, *Aru onna* est sans-doute aujourd'hui toujours à traduire. On laissera cependant aux spécialistes de l'histoire de la traduction le soin de se pencher sur ce véritable cas d'école, car, toutes les personnes qui ont agi pour que ce livre oublié soit réédité en conviennent, même « autre », le roman reste d'une étonnante intensité et d'une grande fidélité à la « moelle » même de l'œuvre originale.

Avec *Aru onna*, Arishima donnait à lire aux Japonais, pour la première fois peut-être, le portrait d'une femme libre, une femme à la liberté instinctive et ne pouvant envisager la vie que comme la satisfaction de cet instinct. Une femme libre, ce qui – semble dire Arishima – ne veut pas dire heureuse. La liberté, comme la spontanéité, a un prix. Non pas que le romancier montrât là les limites de son audace ou payât un quelconque tribut à la morale de l'époque, mais l'idée de bonheur était demeurée trop étrangère aux dernières années de son existence et la relation atavique qui l'unissait au personnage de Yôko s'était avérée trop forte pour qu'il ait pu faire de celle-ci une femme aussi heureuse que libre.

Sur un autre plan, et bien qu'elles soient presque contemporaines, Yôko n'a que peu de rapports, sinon aucun, avec Noami, la *modern girl* dont Tanizaki Jun.ichirô (1886-1965) fera quelques

---

1. Gallimard, 1988.

années plus tard l'héroïne de son roman *Chijin no ai* (« Un amour insensé », 1924[1]). Moins d'effet de mode, chez l'héroïne d'Arishima – malgré un côté provocateur et une coquetterie partagés – et plus d'honnêteté – ou de souffrance : non pas le désir d'humilier l'homme, mais celui de ne plus l'être elle-même, non pas le désir d'asservir le mâle par le plaisir physique, mais l'amour, l'amour absolu *et* physique.

Dans un Japon où la femme n'avait légalement aucun moyen de s'opposer à l'autorité d'un père ou d'un mari qui géraient ses biens et la privaient de toute liberté économique ; dans un Japon où l'opposition entre les rôles masculin et féminin était, dans et hors de la famille, très marquée, et qui voyait la femme moderne, la femme des villes, perdre le rôle actif de productrice dont elle avait joui dans la société paysanne traditionnelle ; dans un Japon où un individu, du moment qu'il était du sexe féminin, ne pouvait se réaliser qu'au sein de la routine conjugale ; dans un Japon, enfin, où il était impensable de se marier par amour et où l'union était arrangée par des tiers, le livre d'Arishima et le personnage de Yôko ne pouvaient que choquer les esprits. Ce qu'ils firent.

Arishima se montra certes un précurseur en dénonçant les tourments qu'inflige la société japonaise à ses femmes, mais son grand mérite – sa modernité – fut de lier, sans militantisme aucun, cette dénonciation à la revendication du plaisir. Se libérer de la suprématie masculine et des habitudes qui conduisent à accepter la soumission ne peut être opposé à la recherche de l'amour, fût-il fou ou déraisonnable, asservissant ou destructeur, pour peu, du moins, qu'il soit librement recherché. Yôko, et c'est là toute la force du portrait, revendique non seulement le droit à la liberté, mais aussi celui de charmer et d'être charmante.

Le critique Katô Shûichi évoque à propos de cette œuvre *Madame Bovary* de Flaubert et *Une vie* de Maupassant. Mais il souligne la singularité de la démarche de l'écrivain, en rappelant que, si les romanciers naturalistes japonais traitèrent souvent le thème d'un individu qui lutte contre la société pour parvenir à vivre sa propre vie, l'essentiel dans *Les Jours de Yôko* est qu'« il s'agit d'une femme ».

La grande réussite d'Arishima est ainsi de parvenir au travers d'un récit d'une extrême finesse psychologique à faire vivre un personnage qui touche à l'universel et dans lequel beaucoup de femmes – en dehors même des Japonaises – devraient pouvoir se reconnaître.

Mais ce n'est pas seulement le portrait d'un être idéal que nous donne à lire celui qui, un jour, déclara que l'art est « plus important que l'empereur, mais beaucoup moins qu'un mendiant ». Car il s'agit bien ici, en réalité, et tout simplement, d'une femme.

CHRISTIAN GALAN

Tant que le soleil ne t'exclura pas, je ne t'exclurai point,
Tant que les eaux ne refuseront pas de briller pour toi ni les feuilles de bruire pour toi, mes paroles ne refuseront point de briller ni de bruire pour toi.

Walt Whitman, *Feuilles d'herbe*.

I

Quand Yôko passa le pont de Shinbashi, elle entendit sans émoi la deuxième sonnerie qui annonçait le prochain départ du train. Dans la brume de ce matin de septembre le tireur de pousse-pousse se hâta. Il longea la fontaine autour de laquelle s'assemblaient gens et chevaux. Un jeune homme, devant la porte de la gare à demi fermée, discutait vivement avec un employé.

— Ah !... pardon d'être en retard, avons-nous encore le temps ?

En disant ces mots, elle monta les marches du perron, le jeune homme souleva son chapeau de paille, bien fané, et tendit un billet bleu sans mot dire.

— Monsieur Kotô, pourquoi n'avez-vous pas pris un billet de première classe ? Vous ne voulez pas le changer ?

Mais le contrôleur les pressant, elle se dépêcha à petits pas, aux côtés du jeune homme, vers la barrière d'accès au quai. Un employé les attendait, la main gauche en avant, et les dévisageait d'un air mécontent. Au moment où ils présentaient leurs billets, ils entendirent derrière eux un appel du tireur de pousse-pousse : « Madame, Madame, vous avez oublié ceci... »

Vêtu d'une blouse toute neuve, une couverture de serge à larges rayures sur l'épaule, l'homme courut remettre à Yôko un petit paquet enveloppé dans un mouchoir de soie olive.

— Dépêchez-vous, dépêchez-vous donc, sinon il sera trop tard ! s'écria l'employé qui s'impatientait.

Yôko, mécontente d'être appelée Madame devant le jeune homme et froissée d'être invitée à se hâter d'un ton aussi impératif, sentit ses nerfs se tendre. Elle ralentit le pas et se retourna vers le tireur de pousse-pousse :

— Merci, dit-elle. Lorsque vous rentrerez chez moi, vous direz à mes sœurs qu'il se peut que je revienne tard ce soir et qu'elles aillent donc sans moi à l'Association des anciennes élèves. Enfin, si un employé des Galeries des objets occidentaux, de Yokohama, vient à la maison, vous lui direz que je m'y suis rendue aujourd'hui-même.

Le tireur de pousse-pousse paraissait agité, comme si c'était lui qui était en retard, et son regard passait sans arrêt de sa maîtresse au contrôleur. Le visage de celui-ci devenait de plus en plus sombre et, au moment où il allait fermer la barrière, Yôko, se pressant, alla vers lui en s'écriant :

— Pardon !

Et, tendant son billet, elle sourit comme une fleur qui s'épanouit. D'un air étonné et stupide, l'homme poinçonna le billet.

Sur le quai, employés et voyageurs, tournèrent tous leur regard vers eux. Yôko marchait tranquillement, indifférente à la curiosité qu'elle provoquait. Elle parlait avec Kotô. Elle lui demanda de deviner ce que le paquet apporté par le tireur de pousse-pousse contenait ; elle l'assura que nulle ville n'attirait plus son cœur que Yokohama, le pria de garder son billet. Elle cherchait toutes les occasions de frôler de ses doigts fins la main du jeune homme. Le chef de train siffla aussitôt que Yôko, suivie de Kotô, fut montée dans une voiture de deuxième classe. Le bruit de la locomotive en marche se mêla aux rumeurs de la ville réveillée.

Yôko jeta un coup d'œil rapide sur les voyageurs. Tous la dévisageaient. Elle prit plaisir à voir l'air intimidé de Kotô. Mais bientôt son regard s'arrêta sur un homme mince, d'âge moyen, qui lisait les journaux. Elle eut un mouvement de surprise, mais elle s'assit sans embarras ni raideur, un léger sourire creusant sa joue droite. D'une main dont le petit doigt était courbé d'une manière exquise, elle arrangea ses cheveux sur sa nuque et effleura le ruban noir noué à sa coiffure. Un voyageur, doté d'un certain embonpoint et de manières de commerçant abaissa le store pour que la lumière du matin ne brulât pas le profil de Yôko.

Le jeune homme humblement vêtu, et la jeune femme aux airs étudiés devaient former un contraste bien étrange pour que même l'attention des enfants fût attirée sur eux. Yôko prit à dessein une attitude familière en causant avec Kotô.

Après Shinagawa, lorsque le train sortit d'un court tunnel, Yôko eut l'impression que quelqu'un la fixait ; elle se retourna. C'était l'homme mince qui lisait les journaux. Elle le reconnut alors. Il s'appelait Kibe. Elle était prête à le saluer d'une inclination de tête, mais comprit que l'homme ne paraissait guère disposé à répondre à ce signe d'amitié. Il avait froncé les sourcils et une certaine dureté se lisait dans ses yeux. Dépitée, le sourire qu'elle avait ébauché dévia et glissa sur les joues vives de Kotô qui regardait rêveusement le paysage à travers la vitre.

— Vous réfléchissez encore ?

Elle exagéra le ton familier. Il la regarda d'un air interrogateur. Elle recula un peu, craignant que le cœur franc et simple de ce jeune homme ne comprît la tristesse que cachait son sourire.

— Je ne réfléchis à rien, mais la couleur des collines est tellement jolie !... Pourpre n'est-ce pas ? L'automne a commencé…

— Vraiment ?

Les yeux de Kibe luisaient toujours. Yokô montra un air fâché sur ses lèvres bien closes.

II

Elle avait été le premier amour de Kibe.

Quand la guerre sino-japonaise prit fin, le public s'intéressa aux personnages mis en évidence par les événements. Pendant le conflit, Kibe avait été le correspondant en Chine d'un grand journal. Ses articles, de bon style, pertinents, se distinguaient des autres correspondances et il acquit la réputation d'un journaliste habile.

Une fois la paix signée, la mère de Yôko, au nom de l'Association des femmes chrétiennes, dont elle était la vice-présidente, invita à dîner tous les correspondants de guerre. C'est ainsi que Kibe, petit, le teint blanc, mais d'un sentiment ardent, et qui était capable de psalmodier des poésies sur un ton mélancolique, vit Yôko pour la première fois.

Elle avait dix-neuf ans. Plusieurs hommes la courtisaient. Elle se montrait d'une coquetterie provocante et on parlait d'elle depuis longtemps.

A quinze ans, elle avait lancé la mode, parmi les étudiantes, des boucles à la place des cordons de jupe. Quelqu'un avait prétendu que le directeur de son école, un homme très sérieux, lui donnait les meilleures notes en échange de ses baisers. Elle avait commencé l'étude du violon au conservatoire de musique, dans le parc d'Ueno, et ses progrès en deux mois avaient été prodigieux. Mais le docteur Köber ne se montrait pas satisfait. Un jour il lui dit : « Votre violon vibre à cause de votre esprit, non à cause de votre talent.

— Vraiment ? »

Elle jeta son violon par la fenêtre. On ne la revit plus au conservatoire.

Sa mère, qui était renommée pour avoir mis son activité et son intelligence au service de l'Association des femmes chrétiennes, négligeait son mari qui avait des pensées élevées mais dont le caractère restait faible. Yôko, connaissant l'admiration de sa mère pour les tempéraments forts, ne cédait jamais devant elle. Dans son orgueil, elle s'imaginait volontiers lire dans le cœur des autres. Elle croyait surtout pénétrer les sentiments des hommes. Quelques-uns ayant tenté de franchir le dernier pas, elle les avait repoussés avec dédain. Au début de l'amour, l'homme divinise la femme, mais une fois conquise, il la foule aux pieds ; elle le savait. Ses amoureux ainsi éconduits parurent avoir honte de leur désir animal et aucun d'entre eux ne lui garda rancune.

Un soir de juin donc, sept ou huit correspondants de guerre, aux mines tourmentées par le spectacle des batailles passées, étaient réunis chez la vice-présidente de l'Association des femmes chrétiennes, à Kugidana, dans le quartier de Nihonbashi. Yôko qui, délicate et fine, paraissait à peine seize ans, et dont l'esprit prompt fusait parfois à travers ses manières douces de jeune fille, servit le repas avec ses deux sœurs cadettes. Devant l'insistance des invités, elle joua du violon. L'âme de Kibe en fut comme aspirée… Yôko, elle aussi, éprouva de l'intérêt pour ce jeune journaliste. Kibe ne lui ressemblait-il pas, non seulement de caractère, mais aussi de physionomie, les traits réguliers, le teint pâle, la mâchoire inférieure développée ?

La réputation de Kibe comme journaliste était sans précédent. Pas un homme qui ignorât son nom. Associé aux événements de la guerre sino-japonaise – conflit qui mettait le Japon si haut –, il était admiré comme un héros. On escomptait tout ce que son talent ferait gagner de prestige, dans la société, au statut de l'écrivain. Dans la maison de Yôko, que désormais il fréquenta, on l'aimait, car on le devinait sentimental et on le soupçonnait ambitieux. La vice-présidente le traitait familièrement comme s'il était son fils ou son jeune frère. Yôko se moqua d'abord de l'affection de sa mère à son égard, puis elle éprouva comme un sentiment de rivalité et fit des avances au journaliste.

Bientôt Kibe et Yôko s'aimèrent. Il était innocent et naïf. Fervent chrétien, fier de sa sévérité puritaine, il ne savait rien de l'amour. Elle joua la comédie avec son sens théâtral et romanesque. Il se livra à cette première passion avec emportement.

Yôko, prise à son propre jeu, souhaitait être consumée par l'ardeur de Kibe.

Il ne se passa pas beaucoup de temps avant que Mme Satsuki ne surprît leurs sentiments. Déjà hostile à sa fille, elle s'ingénia à gêner leurs entrevues, et fit tout pour les séparer avec un acharnement jaloux. En voyant Kibe lutter vaillamment contre ces obstacles, Yôko sentit naître en elle un sentiment plus profond, fondé sur une véritable sympathie.

Après cinq mois d'épreuves, un mariage clandestin eut lieu par un après-midi d'automne dans la chambre d'hôtel du correspondant de guerre. Ils trouvèrent bientôt une petite maison où elle posséda Kibe comme le butin de sa victoire sur sa mère. Cependant quinze jours ne s'étaient pas écoulés qu'elle était lasse de cet amour. Elle avait vaincu, elle était satisfaite. Le souvenir de la guerre sino-japonaise diminuait d'ailleurs chaque jour et, avec, le prestige de Kibe. En outre elle était déçue. Après l'effort fait pour triompher des obstacles, Kibe montrait de la nonchalance, de l'apathie. Il ne travaillait plus et, sans ressources pour assurer la vie quotidienne, laissait tout le soin du ménage à Yôko. Au début, elle eut de l'indulgence et se dit qu'elle avait épousé un poète. Cet homme semblait mettre toute son énergie dans l'amour. Tant d'ardeur était désagréable à Yôko. « Je ne suis pas née pour mourir ainsi », pensait-elle. Kibe comprit. Il regarda sa femme d'un œil soupçonneux et restreignit sa liberté. Un jour, elle s'enfuit chez un ami intime de son père, un médecin renommé pour son bon sens. Lorsque Kibe vint, l'ayant cherchée comme un fou, elle lui dit : « Dans ton intérêt, il vaut mieux que nous nous séparions. » Et comme il ne paraissait pas convaincu, elle rit de toute la blancheur de ses dents. Quelques jours après elle rentrait dans sa famille. Quand elle mit au monde une fille, elle dit à sa mère que l'enfant n'était pas de Kibe. Le bébé fut relégué dans la chambre des servantes et confié plus tard aux soins d'une ancienne gouvernante.

A partir de ce moment-là, la vie de Kibe devint mouvementée. Il fut candidat malheureux à la députation, puis se lança dans la littérature et mena une vie de débauches. Lorsque Yôko le rencontra dans le train, il venait de confier sa nouvelle femme à ses beaux-parents et vivait aux dépens d'un noble, sans travail déterminé, en proie à de folles imaginations et à ses souvenirs.

III

Les yeux de Kibe fixaient toujours Yôko. « Pourquoi ne suis-je pas montée dans le compartiment de première classe ? J'aurais dû me fier au pressentiment qui me poussait tout à l'heure à changer de billet. » Dans un mouvement d'impatience, elle se tourna pour regarder le paysage, mais le rideau avait été baissé. Elle se leva, mettant sa main droite dans sa ceinture. « Je ne me sens pas bien », dit-elle à Kotô et, ouvrant la porte, elle sortit sur la plate-forme.

Le soleil, déjà haut, versait sa lumière sur les rizières d'Omori et les reflets de la mer riante, à travers les arbres, brillaient tellement qu'on en ressentait un léger vertige. Kotô la rejoignit, l'air inquiet.

— Vous vous sentez très mal ?

— Oui, assez.

Et comme il l'importunait par sa présence soucieuse :

— Ne vous dérangez pas, rentrez je vous prie, rassurez-vous, ce n'est rien.

— Alors je retourne à ma place puisque vous le désirez, mais si vous avez besoin de quelque chose, dites-le-moi, s'il vous plaît.

« Niais ! » se dit-elle. Appuyée sur la rampe, comme étourdie, elle jouissait de l'air sec de cette fin d'été qui caressait son visage, courait sur sa nuque et dérangeait ses cheveux. Le train allait à toute vitesse. Un temps assez long s'écoula. Avec un bruit assourdissant, il traversa le pont de la rivière Rokugô. La structure de fer oscillait. Tirée de sa contemplation, elle se recula et cacha son visage dans ses manches. Deux petits yeux brillèrent : ceux de Kibe. Pour chasser l'obsession de ce regard, elle leva la tête et regarda défiler les panneaux-réclames plantés dans les champs. L'un d'eux représentait une femme dont les cheveux tombaient sur les épaules. Sur sa poitrine nue était écrit le mot « Chûjôtô »[1]. En épelant ces caractères, elle se rappela brusquement sa fille dont Kibe était le père… Elle revit Kibe lui-même tel qu'il était des années auparavant, non plus avec la peau sèche d'un homme dans la force de l'âge, mais avec l'épiderme luisant des jeunes hommes nerveux, ses cheveux noirs flottant sur son front très blanc. Le train entra dans la gare de Kawa-saki. Yôko, comme si elle se trouvait dans la réalité de cette image, leva sa main gauche et, en courbant délicatement son petit doigt, arrangea quelques cheveux épars. Geste de coquetterie qui lui était coutumier.

1. Publicité pour une infusion de la pharmacopée chinoise destinée à soigner les troubles gynécologiques.

La porte s'ouvrit, quelques voyageurs sortirent. Quand elle aperçut Kibe, son cœur s'emballa. Leurs regards se rencontrèrent de nouveau. Il avait cette fois un léger sourire, mais c'est elle alors qui prit un air arrogant et froid. Elle se sentit heureuse à l'idée qu'elle venait de se venger de l'offense subie dans le compartiment. « Le reverrai-je ? » Une tristesse bizarre envahit soudain son cœur.

La mer brillait à travers les rangées de pins bordant les rizières. Les paysages des cinquante-trois relais de la route de Kyôto, traités par les peintres de l'époque féodale, passaient devant les yeux de Yôko. Des libellules rouges volaient dans l'air comme des étincelles de pierre à feu. On arriva enfin à la gare de Yokohama. Le soleil noyait si bien les cerisiers de la Montée des *momiji* que leurs feuilles en paraissaient jaunes. Yôko descendit du train, s'appuyant sur son ombrelle. Aidée par Kotô, elle sortit de la gare. Ils marchaient lentement. Une dizaine de pousse-pousse s'étaient groupés devant la salle d'attente. En voyant Yôko, l'air exténué, ils murmurèrent quelques mots entre eux : « jeune fille ? »... « grue ? » Ces expressions et ce ton grossiers d'un port de commerce crispèrent les nerfs de la jeune femme.

Elle voulait avant tout trouver une chambre où elle pût se reposer. Bientôt Kotô revint, le patron d'un hôtel proche l'avait refusé en voyant son aspect d'étudiant pauvre. Ils passèrent un pont sur un canal boueux qui sentait la marée et entrèrent dans une sorte d'auberge, construite à la manière ancienne, au milieu d'une ruelle sale. Le nom Sagamiya, inscrit sur une lanterne de l'hôtel, attira l'attention de Yôko. Elle trouva amusant d'aller dans cette maison qui remontait peut-être à l'époque des guerriers. La servante à l'air déluré lui plut.

— Voulez-vous nous amener dans une chambre tranquille ?

— Par ici, s'il vous plaît.

La servante les dévisagea et, jetant un coup d'œil au caissier, elle les guida avec une sorte de moue dédaigneuse. Un escalier noir et étroit les conduisit à leur chambre. Kotô dit à sa compagne :

— L'intérieur est encore plus sale que l'extérieur… Cherchons ailleurs.

Yôko sans lui répondre se tourna vers la servante et de l'air d'une grande dame :

— La chambre voisine est-elle libre ?... Comment ? Jusqu'au soir, toutes les chambres sont libres ?... Alors montrez nous en d'autres…

Au moment où la servante poussait les cloisons qui fermaient la pièce voisine[1], Yôko enveloppa vite d'un papier une pièce de cinquante sen et la lui donna en disant[2] :

— Je suis un peu souffrante et je vous serais reconnaissante de bien vous occuper de moi.

---

1. Au Japon les chambres sont séparées par de légères cloisons mobiles placées sur des glissières.

2. L'argent que l'on transmet de la main à la main doit toujours être placé sous enveloppe.

Dans la chambre qu'ils choisirent, ils firent porter un kakemono[1], un vase à fleurs, un porte-éventail, un paravent et une table qu'ils avaient remarqués dans les autres pièces.

Assise sur un coussin exceptionnellement joli, en face de Kotô, elle dit dans un sourire :

— Pourrez-vous rester toute une demi-journée ici ?

— Tout m'est égal, vous plaire seulement m'importe… Allez-vous mieux ?

Elle eût voulu rester souriante, mais elle se rappela qu'elle devait feindre d'être malade et fronçant les sourcils :

— Sentez comme mon cœur bat !

Elle retroussa la manche de son kimono intérieur, d'une couleur voyante, et tendit son bras droit Elle respira à pleins poumons. Kotô prit le poignet d'une blancheur presque transparente et, lorsqu'il trouva le pouls, ouvrit des yeux étonnés.

— Qu'avez-vous ? Vos pulsations sont très irrégulières.

— J'ai d'abord eu mal à l'estomac.

— De quelle manière ?

— Des douleurs aiguës… J'en souffre souvent.

Il retira sa main.

— Pouvez-vous vous passer de médecin ?

Yôko eut un sourire.

— Si c'était vous, peut-être ne le pourriez-vous pas… Je vais essayer de supporter mon mal. J'y

1. Calligraphie ou peinture sur soie ou sur papier que l'on suspend au mur pour décorer une pièce.

suis habituée... Mais si vous voulez absolument m'obliger, voudriez-vous aller me retenir une place sur le premier paquebot en partance pour les Etats-Unis ? Allez donc chez M. Nagata, le directeur de la succursale de la Compagnie japonaise des messageries maritimes... Cette démarche vous ennuie peut-être ? Bien, bien, alors ne vous dérangez pas, j'irai en voiture.

Mais Kotô insista pour aller lui-même voir Nagata.

Après sa séparation d'avec Kibe, Yôko avait été fiancée à un jeune licencié nommé Kimura. Il vivait aux Etat-Unis et elle venait de décider de le rejoindre. Ces fiançailles avaient été conclues quelque temps après la naissance de son enfant.

Un soir d'hiver, alors que sa mère se dirigeait vers le cabinet d'études de son mari, M. Satsuki, elle vit la femme de chambre en sortir en toute hâte, la coiffure et l'obi[1] en désordre... Cinq jours après, la maison Satsuki se désagrégeait comme une tour bâtie sur le sable. Mme Satsuki partit pour la ville de Sendai avec ses filles. Mais la présence de Yôko parut bientôt la gêner. Les manières trop libres de la jeune femme ne portaient-elles pas atteinte aux principes professés par cette mère très chrétienne ?

Un journal de la ville l'avait louée d'avoir abandonné le foyer conjugal où ses filles pouvaient être perverties par la vie libertine de leur père.

---

1. Large et longue ceinture de soie, complément indispensable du kimono.

Dans ce nouveau milieu, Mme Satsuki commença aussitôt son apostolat évangélique. Sa maison devint le rendez-vous des chrétiens, des bienfaiteurs et des artistes, ainsi que le centre de plusieurs organisations de bazars de charité, de concerts et de lectures bibliques. La femme du préfet et des épouses de millionnaires assistaient à ces réunions. Les jeunes gens étaient pour la plupart attirés par le charme troublant de Yôko.

Un matin la ville de Sendai fut mise en émoi par une nouvelle scandaleuse. Une gazette racontait que le directeur d'une feuille rivale avait des relations intimes à la fois avec Mme Satsuki et avec Yôko. Personne ne voulut y croire... On ne prit sans doute pas garde aux allées et venues du jeune Kimura qui parcourut en voiture le jour même les rues de Sendai, mais c'est grâce à ses démarches que les journaux protestèrent contre la rumeur calomnieuse. Des épouses de notables se portèrent garantes de la vertu de Mme Satsuki. Ce démenti trop appuyé parut cependant suspect, et la mère de Yôko ne put maintenir sa réputation. Elle quitta Sendai avec ses filles sous prétexte de la mort de son mari. Kimura qui les avait suivies à Tôkyô demanda la main de Yôko. Mme Satsuki, reconnaissante envers le jeune homme, approuva ce projet d'union. Elle sentait venir sa fin et se détachait des choses d'ici-bas. Cette femme dont la vie avait été consacrée à la propagande chrétienne n'avait pu se relever du coup qui l'avait frappée. Elle mourut, laissant le soin de sa famille à Mme Isokawa, présidente de l'Association.

IV

Kotô revint. M. Nagata, de la Compagnie des messageries maritimes, n'était visible que plus tard…

— Tout à l'heure, vous avez dit que vous préfériez les ombrelles à cinq branches ?

— Cela se peut.

— Pourquoi aimez-vous les ombrelles à cinq branches ?

— Je ne l'aime pas précisément, mais j'ai dit cela sachant que vous aimez tout ce qui est un peu étrange.

— Vous vous moquez ! Allons, partez ! Allez voir si M. Nagata est visible.

Lorsque Kotô fut dans le couloir, elle le rappela.

— Vous étiez au même collège que Kimura, n'est-ce pas ?

— Oui, mais il était dans une classe supérieure.

— Que pensez-vous de lui ?

Elle prenait un air innocent de petite fille. Kotô répondit d'un ton moqueur :

— Vous devez le connaître mieux que moi... C'est un homme qui a de l'initiative.

— Et vous ?

Cette réplique surprit Kotô. En souriant elle leva les yeux sur le kakemono suspendu en face d'elle, mais, remarquant l'air embarrassé du jeune homme, elle changea de ton et tristement :

— Vous avez chaud, vous devriez aller boire quelque chose, mais je vous prie de ne pas vous attarder... Si mon mal s'aggravait, je serais trop seule ici !

Kotô sortit en marmonnant.

Le ciel, serein le matin, commençait à se brouiller. Bientôt il fut couvert de nuages gris, on sentait venir le froid du début de l'automne.

Yôko décida de faire des achats. Elle fit venir le représentant des Galeries du quartier étranger et on lui apporta peu après de nombreux échantillons. Elle palpa son porte-monnaie avec inquiétude.

Du vivant de son père, médecin réputé du quartier de Nihonbashi, l'argent ne manquait pas à la maison. Mais sa mère s'était ruinée dans ses œuvres pieuses et n'avait laissé que des dettes.

A la vue de toutes ces choses venues de l'étranger, Yôko ne put résister à la tentation et elle dépensa tout l'argent qu'elle avait apporté. Ses pensées s'assombrirent. « Kotô pourra-t-il prendre ce billet chez Nagata ? Ce Nagata qui a tant d'antipathie pour ma personne, et que moi-même, d'ailleurs, je ne peux voir ! Comment aura-t-il reçu Kotô, si simple et si timide ? Peut-être l'a-t-il questionné sur ma vie...? »

Ces réflexions l'agitèrent. Elle prit un bain, se fit apporter une bouteille de champagne et se coucha.

La nuit était tombée sans qu'aucun client n'eût troublé le silence de l'hôtel. Yôko se réveilla au bruit que fit la servante venue pour allumer la lampe. Elle resta couchée, regardant distraitement le point lumineux qui se reflétait au plafond. Tout à coup les pas de Kotô se firent entendre dans l'escalier. Il s'approcha de la chambre, puis, interpellant l'hôtelier :

— Pourquoi n'avez-vous pas fermé les volets ?... Ne savez-vous pas qu'il y a une malade ici ?

Au seuil de la chambre, il cria à Yôko :

— Pourquoi n'avez-vous pas fait fermer par ce temps froid ?

Il s'arrêta net au moment de pénétrer dans la pièce.

Un air chaud et parfumé, mêlé à une odeur de vin, s'échappait de la chambre, pleine de robes coquettes, de chapeaux, de fleurs artificielles, de plumes, d'objets de toilette. Yôko était couchée au milieu de ce pêle-mêle, appuyée sur son coude, couverte seulement de son kimono de dessous, le visage congestionné par le bain et l'alcool. A côté de l'oreiller, se trouvait une bouteille de champagne dans un seau à glace, un verre, un joli porte-monnaie et le paquet olive dont elle s'amusait avec ses doigts qu'ornaient deux bagues.

— Vous rentrez tard, sans doute avez-vous dû attendre. Approchez, je vous prie, écartez toutes ces choses, vraiment j'en ai mis partout.

Elle repoussa tout ce qui se trouvait à ses côtés, allongeant un bras qui apparut tout blanc sur la natte grise. Il jeta son chapeau dans un coin et s'assit en face d'elle.

— Je suis allé à la Compagnie, j'ai le billet du passage.

Il chercha dans sa poche.

— Ah ! Je vous remercie infiniment.

Et changeant de ton, avec un regard amusé :

— Nous parlerons de cela plus tard, n'est-ce pas ?... Vous n'avez pas eu froid ?

Elle lui tendit son verre après l'avoir égoutté au-dessus du plateau.

— Non, je ne bois pas.

— Et pourquoi ?

— Parce que je ne veux pas !

Cette réponse tranquille surprit Yôko, habituée à voir céder les hommes à ses fantaisies. Elle le regarda un instant. Kotô se hâta de reprendre :

— M. Nagata est-il de vos connaissances ? Qu'il est arrogant ! Il m'a dit : « Je n'ai pas à recevoir de l'argent de vous, mais si vous y tenez, donnez-moi cette somme et je la renverrai à Madame par la poste... Sortez d'ici le plus vite possible ! » Quelle grossièreté !

Yôko voulut dissiper l'humeur maussade de son ami. Mais Kotô, de nouveau, lui coupa la parole :

— Souffrez-vous toujours de l'estomac ?

En posant cette question, il se redressa sur son coussin.

— Oui, mais il me semble que ça va mieux.

Toujours sous l'impression désagréable de la réception de M. Nagata, le jeune homme entreprit de nouveau Yôko.

— Je remarque que, bien qu'ayant été souffrante, vous êtes très animée à présent.

— Peut-être parce que j'ai pris de ce médicament.

Elle montra la bouteille de champagne. Et après quelques secondes de silence :

— Vous avez raison de trouver tout cela étrange… J'ai eu tort – je m'en rends compte – de boire en pareil endroit, mais je n'ai pas d'autre moyen de réagir quand je suis triste. Dans ces moments-là, je prends un bain, je bois du champagne à satiété, je me couche. Ainsi... – elle montra une hésitation – je peux dormir quinze à vingt minutes profondément, dans une complète béatitude. Au réveil, j'ai mal à la tête, je suis mélancolique, je pleure comme un enfant… mais le sommeil me reprend vite et lorsque j'ouvre de nouveau les yeux je me sens délicieusement légère… Ma famille s'est mêlée trop abusivement de mes affaires. Et maintenant, je dois élever mes deux sœurs, en ne comptant que sur moi-même. Quand je pense à ces misères, c'est plus fort que moi, il faut que je commette des excentricités… Comme vous l'avez si bien dit au sujet des ombrelles à cinq branches, j'ai des goûts bizarres…

Elle sourit tristement.

— Pouvez-vous me pardonner d'être ainsi faite ? Quand sans cesse il faut sourire alors que l'on voudrait pleurer, on est forcé à la longue de devenir une femme étrange… Mais peut-être qu'aucun homme ne peut comprendre cela.

Pendant qu'elle parlait, le visage fatigué et penché de Kibe, tel qu'elle l'avait vu le matin, lui apparut soudainement. Elle reprit :

— Lors du premier anniversaire de la mort de ma mère, j'ai bu comme une folle. Je vois encore toutes les bouteilles vides éparses dans ma chambre. Ivre, j'appuyais ma tête sur les genoux de notre médecin de famille, je sanglotais. Des parents, en me voyant dans cet état, quittèrent la maison, indignés. Et c'est devant la photographie de ma mère que je me suis conduite pareillement ! Vous êtes bien étonné, n'est-ce pas ? Peut-être suis-je indigne de toute estime. Comme je dois vous paraître méprisable !

— Ma foi, oui !

Se levant à moitié, elle s'écria :

— Cependant, écoutez… C'est cruel de juger les autres d'après les apparences.

Elle s'accroupit sur le matelas.

— Moi, je ne suis pas de ces personnes qui cherchent à provoquer la sympathie des autres en se lamentant sur leur sort… Je préfèrerais bien plutôt être durement châtiée par un homme au caractère énergique et franc, et sincèrement fâché de ma mauvaise conduite. Je voudrais être battue ! Je suis écœurée de voir tout le monde s'indigner en apparence et verser des larmes qui ne sont pas sincères. Ce ne sont que des grimaces, Giichi ! (C'était la première fois qu'elle appelait Kotô par son prénom.) C'est cette nuit d'ivresse qu'eurent lieu mes fiançailles avec ce Kimura que vous considérez comme un honnête homme. Mme Isokawa me fit comparaître devant ma famille, comme si elle appelait un criminel. Quand je voulus protester, elle invoqua le testament de ma mère. « Les morts n'ont pas de bouche[1] »... Kimura est-il vraiment un homme d'honneur ? Comme vous le savez, il y eut un incident à Sendai. J'ai entendu dire que toutes les dames de la société, Mme la préfète en tête, avaient dit qu'elles pouvaient répondre de ma mère, mais non de moi...

Une expression de dédain passa sur son visage.

— A l'époque Kimura n'a pas eu le courage de ses opinions, il s'est incliné devant ces femmes et le démenti qu'il a fait insérer dans les journaux ne concernait que ma mère. Et c'est après cela qu'il m'a demandée en mariage. Ce fut peut-être là sa manière de prouver à la société que j'étais une femme pure et chaste !

Elle rit méchamment.

— J'ai ce mauvais côté d'aimer ou de détester les gens en fonction de petits détails... On m'a imposé ce mariage avec Kimura au nom de la mémoire de ma mère.

On m'a dit que si je ne suivais pas le chemin des femmes ordinaires, je blesserais l'honneur de cette mère, et qu'en outre il fallait que j'assure, moi l'aînée, la dot de mes sœurs... Alors je vais me marier avec Kimura contrainte et forcée. Il en

1. Proverbe japonais.

résultera que Kimura sera très malheureux... Ces réflexions vous déplaisent ? Je vous livre mon cœur parce que je vous crois honnête homme. Pensez-vous que j'aie tort de parler comme je le fais ? Dites-le... Oh ! Que c'est pénible, Giichi, de cacher au fond de soi-même de telles pensées... Comment se fait-il qu'aujourd'hui je me sente si triste, si abandonnée, comme si je me trouvais dans un pays lointain...

Sa tête, lourde, s'inclina. La nuit était noire, le vent, mouillé par la pluie fine de l'automne, soufflait, faisant vibrer le papier des fenêtres gondolé par l'humidité. Kotô évitait de rencontrer les yeux de cette jeune femme dolente. Il y eut des minutes d'un silence oppressé. Yôko était comme épuisée par sa confession et, sous l'influence de l'atmosphère déprimante de cette chambre, elle s'enfonçait dans un abîme de tristesse. Pour échapper au désarroi de son âme, elle désirait l'étreinte puissante d'un homme. Elle mit sa main au côté et parut souffrir. Kotô venait de regarder Yôko dans les yeux, comme s'il avait pris une décision, mais, ému par son expression douloureuse, il s'approcha doucement. Alors subitement elle s'empara de la main du jeune homme et, la pressant, pleurnicha :

— Giichi !

Kotô d'une voix tremblante murmura :

— Kimura ne se conduit pas de cette manière...

Elle comprit que son plan avait échoué et méprisa Kotô de ne pas vouloir céder à son désir. Cependant elle se garda de paraître déçue. Elle secoua la tête plusieurs fois, sa nuque ondula comme dans une bourrasque. Et avec l'accent que l'on a pour cajoler un jeune frère :

— Ah ! Giichi, pardon, j'ai oublié… Vous n'avez pas encore dîné ?

Elle devina que Kotô regardait ses pieds nus rougis par le bain. Ayant ouvert la cloison mobile, elle appela la servante.

Une tentation diabolique s'était emparée de Yôko, mais ce jeune homme n'avait pas de curiosité charnelle. A la vérité, très scrupuleux vis-à-vis de tous ses amis, il craignait d'offenser son condisciple Kimura, le fiancé de Yôko. Jusqu'ici, elle l'avait considéré comme un niais et durement malmené, ainsi d'ailleurs qu'elle le faisait avec les autres hommes. Mais ce soir-là, elle n'avait été mauvaise avec lui qu'en paroles, et elle aurait voulu s'emparer de ce cœur innocent, révéler à ce jeune homme sa virilité. C'était un sentiment de jalousie qu'elle ressentait maintenant à la pensée que la virginité de Kotô serait la proie d'une autre femme. Toutes ses avances ayant été vaines, elle insista pour passer la nuit à Yokohama. Kotô refusa sans hésiter. Il alla acheter un châle rouge, étonnamment laid, pour préserver son amie du froid de la nuit. Alors, elle accepta de rentrer par le dernier train.

A l'arrivée à Tôkyô, Kotô lui remit le billet du passage pour Seattle.

— Voulez-vous prendre, dit-elle, dans ce porte-monnaie, ce que vous avez déboursé à la Compagnie… Vous viendrez demain, je vous attendrai avec impatience… Au revoir !

Elle monta dans un pousse-pousse.

Yôko savait bien que Kotô n'aurait jamais accepté de prendre dans le porte-monnaie les quelques pièces d'or qui s'y trouvaient.

V

On était à la veille du 25 septembre, jour du départ de Yôko pour l'Amérique. Les tempêtes habituelles à cette époque n'avaient pas encore fait rage. Le temps restait indécis alternant soleil et pluie.

Ce matin-là, Yôko se leva tôt. Elle rangea ses vêtements dans sa chambre après avoir décousu ceux dont la couleur trop voyante ne convenait plus à son âge. Son intention était de les donner à sa sœur cadette Aiko. Elle réservait ceux qui étaient de teintes plus vives encore à sa plus jeune sœur Sadayo, âgée de treize ans. Dans une malle usagée elle rangea les kimonos qu'elle devait emporter. Cette malle, c'était un souvenir de Kimura, son fiancé. Elle avait servi au père de celui-ci à l'époque où il avait fait le tour du monde et se trouvait en bien mauvais état. En la considérant, Yôko se rappela les péripéties d'un long voyage souvent raconté. L'image de Kimura s'imposa à son esprit. Cheveux nettement divisés sur le milieu, visage régulier, joues rouges de santé... – Kimura lui parut désirable. Sa nature sentimentale n'était pas non plus sans attrait. Et cependant, quand ils étaient en tête à tête, ils se sentaient gênés l'un comme l'autre, et ne pouvaient avoir une conversation suivie. Yôko n'aimait pas cette expression particulière aux intellectuels. Elle avait aussi une certaine aversion pour les manières efféminées et avait découvert un caractère égoïste derrière la nature sensible de cet homme. Que Kotô était différent ! Il était bien de son pays celui-là, un enfant de Tôkyô ! Avec ses façons de s'exprimer, avec sa manière de se vêtir... Elégant dans sa sobriété ! Et en songeant ainsi à Kotô, elle sentit monter en elle une irrésistible antipathie envers Kimura.

Elle s'arrêta de ranger ses kimonos. L'aube commençait à poindre et la flamme jaune des bougies brillait dans la chambre comme un fantôme de lumière. Le vent d'ouest venait de se lever, faisant tout à coup vibrer les fenêtres. Dans la rue, les voitures à bras traînées par les marchands gémissaient. Yôko songea à tout ce qu'elle avait à faire. Elle se hâta. Elle ouvrit les volets, éteignit les bougies. A la lumière du jour, elle retira des lettres d'un coffret et les mit dans un mouchoir de soie. Au moment de sortir avec ce léger paquet, elle entendit la voix de sa tante :

— Comment ? Tu es déjà levée... As-tu tout rangé ?

Depuis la mort de ses parents, Yôko vivait avec une sœur de sa mère, dont le mari était un parfait incapable. De cette union était né un enfant idiot. Contrairement à l'air viril et imposant de la mère de Yôko, cette femme avait une apparence effacée, humble.

— Bonjour, tante… J'ai à peu près fini.

Yôko allait monter au premier étage, mais sa tante la retint et agita sur sa poitrine ses mains aux ongles peu soignés.

— J'ai pensé que, pour t'accompagner demain, je n'avais rien de convenable à me mettre… N'as-tu pas quelque chose de ta mère qui me convienne, seulement, bien entendu, pour demain. Je te le rendrai… Voudrais-tu regarder ?

Mécontente de cette demande si souvent exprimée sous d'autres formes, elle eut cependant pitié de sa tante : en quinze ans de mariage, son mari ne lui avait même pas offert un obi ! Mais, d'un autre côté, elle détestait cette manière de saisir toutes les occasions de s'approprier les choses. Elle accéda toutefois à cette demande, pensant qu'elle l'entendait pour la dernière fois. Sa tante, disant tantôt « Je te dérange », tantôt « Je te suis vraiment obligée », lui fit ouvrir toutes les armoires, déjà fermées à clef, et fouilla parmi les vêtements. Enfin elle choisit l'un d'eux.

L'odeur de la soupe montait de la cuisine. Le petit idiot se mit à pleurer et l'oncle appela sa femme. Ces voix, ces cris semblaient souiller l'air pur du matin.

Yôko répondait à sa tante distraitement. Plus que jamais, elle prit conscience de l'éclatement définitif de la famille Satsuki. L'appareil téléphonique avait été emporté, on ne sait sous quel prétexte, par un parent, directeur d'une société [1]. Les bibelots et les livres avaient été dispersés en vente publique. Quant à la maison, le conseil de famille avait décidé qu'après le départ de Yôko, on la céderait, pour un prix dérisoire, à un parent qui, assurait-on, avait montré beaucoup d'intérêt aux enfants de M. Satsuki. Enfin les valeurs boursières avaient été offertes en garantie à une autre personne qui prétendait s'occuper de l'éducation des deux sœurs cadettes. Yôko n'avait pas protesté contre la décision du conseil de famille, lequel, d'ailleurs, l'avait écartée des discussions relatives à l'héritage, sous prétexte qu'elle n'était pas une femme normale. Elle se contenta de penser qu'elle avait fait l'aumône à ces égoïstes. « Que reste-t-il des vêtements, des objets de toilette et de tous les souvenirs de famille ? Et maintenant voici ma tante qui cherche à s'emparer de ces dernières épaves, de ces pauvres choses… »

Dans le désarroi de son cœur, elle souhaita être réduite à la plus extrême pauvreté. Jetant un coup d'œil dédaigneux sur la sœur de sa mère, toujours occupée à palper les vêtements de soie :

— Je dois sortir, je laisse ces armoires ouvertes. Vous pouvez tout examiner à votre aise, mais ce qui se trouve ici est à moi et ce qui est placé là-bas est à mes sœurs, veuillez ne pas tout

1. A cette époque, les appareils téléphoniques, distribués chaque année en petit nombre par le gouvernement, étaient une marchandise dont la valeur, élevée en raison de sa rareté, était cotée sur le marché. Conservant leur numéro originel, ils s'achetaient, se louaient, servaient de gage, etc.

mélanger.

En quittant la chambre, elle vit dans la rue un nuage de poussière soulevé par le vent…

Dans la pièce voisine, Aiko et Sadayo dormaient enlacées. Elle réveilla Aiko qui, surprise, sortit de la couche, ses beaux yeux bien ouverts. Yôko lui dit d'un ton sévère :

— A partir de demain tu dois me remplacer. A quoi penses-tu donc ? Tu fais la grasse matinée ! Si tu ne t'occupes pas de tout, Sadayo sera malheureuse. Dépêche-toi de t'habiller, descends et commence le ménage.

De ses yeux si doux, Aiko jeta un regard craintif sur sa sœur aînée, elle changea de kimono et sortit. Yôko s'approcha alors de Sadayo qui lui ressemblait étrangement. Sur le visage humide et rouge, des mèches de cheveux étaient collées. En embrassant l'enfant endormie, il lui sembla que leurs cœurs battaient au même rythme et que ses propres sentiments se répercutaient dans cette frêle poitrine. La tristesse l'envahit… Elle allait partir au-delà des mers, toute seule, comme indifférente à la dissolution de sa famille… Ce n'était point cependant cette pensée qui l'attristait le plus.

Depuis son enfance, elle s'était conduite librement au gré de ses sentiments et de sa fantaisie, sans permettre qu'une volonté étrangère la détournât de son chemin, mais lorsqu'elle jetait un regard sur le passé, si peu comparable aux jours vécus par une femme obéissante, elle avait la sensation de se trouver seule sur une plaine inconnue, immense et déserte.

Lorsqu'elle était encore à l'école ou au conservatoire de musique, des jeunes filles s'étaient approchées d'elle comme d'un être idéal, attirées par son caractère indomptable, primesautier, et souvent leur adoration un peu craintive les avait conduites hors des chemins traditionnels. La plupart adhérèrent au mouvement des idées nouvelles organisé par d'ardents et romantiques jeunes qui publiaient la revue *Le Monde de la littérature*. Des moralistes, des éducateurs, des pères de famille s'inquiétèrent des tendances de ce groupe de jeunes filles. Devant leur attitude soupçonneuse, Yôko fut soulevée par un instinct révolutionnaire qu'elle ne s'expliqua pas. Et, se moquant des autres et d'elle-même, elle s'engagea sur un chemin sombre et inconnu, sans se rendre compte qu'une force mystérieuse l'entraînait. Elle y courut à corps perdu... et personne ne vint la remettre dans la bonne direction. Elle entendit bien quelquefois des voix qui lui conseillèrent de s'arrêter, mais quand elle les écoutait, elle comprenait qu'il ne s'agissait que d'être une femme comme il y en a tant. Elle s'était mise alors à penser qu'elle eût été plus heureuse si elle était née dans un pays étranger. Que demandait-elle ? Rien que de vivre libre ! Elle ne pouvait admettre que la femme dût reculer devant l'homme, que la tradition vînt limiter sa liberté. Dans ces moments-là elle enviait le sort des geishas. Elle estimait même que, seules au Japon, les courtisanes vivaient une vraie vie. Ainsi égarée, elle tomba plusieurs fois et dut essuyer seule la poussière de ses genoux.

et dut essuyer seule la poussière de ses genoux. Elle avait atteint l'âge de vingt-cinq ans…

Aujourd'hui, quand ses yeux se retournaient sur ce passé, Yôko voyait toutes les jeunes filles qui l'avaient un temps accompagnée. Elles s'étaient arrêtées dans leur élan. Devenues des femmes soumises, rangées, elles regardaient leur ancienne amie avec pitié ou avec dédain. Mais Yôko ne pouvait plus rebrousser chemin. Elle n'en avait d'ailleurs aucun désir. Et puis elle comptait sur l'imprévu des circonstances, quelque chose pouvait se produire… Rien, à la veille de s'en aller, ne troublait son cœur, rien, sauf Sadayo qui dormait paisiblement sans se douter du désespoir de sa grande sœur.

Yôko pleurait. L'idée lui vint que cette enfant innocente aurait une destinée semblable à la sienne. Elle l'enlaça bien fort et voulut lui parler. Mais que dire ? L'angoisse lui serrait la gorge. Sadayo, réveillée par ce baiser, vit le visage de sa sœur mouillé de larmes. Elle essuya ses pleurs avec sa manche, sans mot dire. Les larmes de Yôko redoublèrent. Sadayo sanglota elle-même en marmonnant quelques mots.

VI

Dans cette même matinée, Yôko reçut une lettre de M. Nagata, de la Compagnie japonaise des messageries maritimes. Il écrivait que bien qu'étant l'ami intime de feu M. Satsuki, il regrettait de ne pouvoir reporter un peu de cette amitié sur sa fille et ne saurait accepter l'invitation pour le dîner d'adieux du soir. Il retournait la somme d'argent qu'un jeune homme inconnu, dépourvu de toute recommandation, avait versée l'autre jour à la Compagnie au nom de Mme Yôko. Enfin il ajoutait qu'il pensait qu'une femme ne prend jamais assez garde à sa conduite privée. Un mandat-poste était joint à la lettre.

Le premier mouvement de Yôko fut de mettre en morceaux le mandat avec la lettre, mais, réflexion faite, elle déchira seulement la lettre et la jeta au panier. Elle passa un kimono de ville foncé et descendit.

A la différence du premier étage, très soigné, où vivaient les trois sœurs, le rez-de-chaussée, occupé par la tante et sa famille, était on ne peut plus mal entretenu. L'odeur d'enfant malade qui imprégnait le linge séchant dans la cour écœura Yôko. A la vue des grains de riz collés sur les nattes, son dégoût s'accrut. Sur le seuil de la porte, l'oncle, l'air transi, le col du kimono douteux, faisait manger des kakis à son fils. Les épluchures des fruits, mêlées à de vieux papiers, couvraient les galets du jardin. Elle salua légèrement le bonhomme et, cherchant ses socques, dit à Aiko d'un ton fâché :

— Ai ! Viens un instant. Veux-tu nettoyer tout cela ?... Tu sais, ce soir, nous avons des invités…

L'oncle comprit le reproche :

— Eh ! quoi, c'est moi qui ai fait ce désordre, c'est à moi de nettoyer le sol. Ai ! ce n'est pas la peine de t'en occuper. Oshun ! Oshun !... Que fais-tu donc ?

Bientôt la tante arriva, l'air mécontent. Ils allaient encore se disputer !... Yôko se sauva.

Dans cette rue étroite de Kugidana, où les passants ont cette allure décidée particulière aux gens de Tôkyô, les seuils de toutes les maisons étaient nets et propres. Yôko rougit en voyant un amas d'ordures à l'entrée de sa demeure.

Elle alla d'abord à la Banque japonaise pour retirer le reliquat de son compte. Quand elle eut acheté quelques vêtements pour ses sœurs, une grande malle et des objets destinés à servir de cadeaux en Amérique, elle s'aperçut qu'il restait très peu d'argent au fond de sa bourse.

Elle rendit visite à M. Uchida, ami de sa mère. C'était un pasteur chrétien adoré par certaines personnes qui voyaient en lui un prophète, mais fermement détesté par d'autres.

A l'âge de cinq ou six ans, Yôko avait souvent été conduite chez lui par sa mère et les façons gentilles de la petite fille avaient plu à Uchida, excédé par les manières cérémonieuses et respectueuses de ses admirateurs. Avec la petite Yôko, il souriait toujours, même quand il se montrait avec d'autres d'humeur massacrante. Mais quand Mme Satsuki commença à s'occuper de l'Association des femmes chrétiennes et eut voix au chapitre, quand elle eût réuni sous sa présidence les dames de la société et les missionnaires étrangers, M. Uchida ne cacha pas son mécontentement. Il lui reprocha d'avoir une conduite trop laïque, contraire à l'esprit de Jésus-Christ. Mme Satsuki ne tint cependant aucun compte des récriminations du pasteur et les relations entre les deux familles se refroidirent. M. Uchida conserva cependant de l'affection pour Yôko. Il avait même exprimé le désir de l'élever. Elle lui rappelait sa fille unique que sa première femme avait emmenée après son divorce. Devant un gracieux visage de fillette, un sourire éclairait l'expression sévère du pasteur. Dès que Yôko eut conscience de cette affection, jusque-là discrète, elle ressentit un sentiment très doux. Elle lui rendait visite en cachette de sa mère. Il leur arrivait aussi de se promener tous deux dans la calme banlieue de Tôkyô. Un jour, il serra la main de la jeune fille et lui dit : « Vous êtes ma seule compagne en dehors de Dieu… » Elle entendit cette parole avec reconnaissance et ne l'oublia jamais.

Lorsqu'elle dut s'unir à Kibe, le pasteur appela Yôko auprès de lui. Il prit des airs d'amant jaloux, la traita presque en maîtresse infidèle. Elle ne supporta pas ces reproches. « Je ne reviendrai jamais chez un homme si injuste ! » songea-t-elle. Et dans son indignation, elle avait presque grincé des dents. Mais s'en revenant, par ce soir lointain d'automne, le long des rues solitaires du quartier de Koishikawa, son cœur s'ouvrit pourtant aux regrets, comme si elle laissait échapper une chose importante ou comme si le fil qui l'attachait à cette vie était rompu.

« En pensant à la Samaritaine qui donna de l'eau à Jésus, je ne vous ferai plus de reproches… Toutefois, je remarque que vous ne pensez guère au désespoir d'autrui. Voilà le péché, le péché redoutable ! »

Cette dernière parole d'Uchida lui revenait à l'esprit alors que, cinq ans après l'événement, elle comptait les billets du mandat de Nagata qu'elle venait de toucher et qu'elle se promettait de donner à la gouvernante chargée du soin de sa fille Sadako. Avec le vague sentiment de chercher une chose là où elle n'était pas, elle se hâta vers le quartier du pasteur Uchida.

La maison était telle qu'autrefois. Aucun changement extérieur. Seul un paulownia avait grandi dans le jardin.

Dès qu'elles se trouvèrent face à face, Yôko et la nouvelle Mme Uchida se sentirent attirées l'une vers l'autre. La femme du pasteur invita gracieusement la visiteuse à entrer, puis, après une hésitation, se dirigea vers le cabinet de son mari. Alors Yôko entendit s'élever la voix de Uchida. Elle entendit ces mots prononcés sur un ton plaintif :

— Si tu veux, fais-la entrer, mais moi, je ne veux pas la voir.

Le bruit d'un livre brusquement fermé ponctua la phrase. Yôko se mordit les lèvres et fixa le bout de ses pieds. Mme Uchida, d'un air contrit, conduisit la jeune femme dans la pièce réservée pour le thé. Des bruits de frôlements firent comprendre que quelqu'un sortait de la maison. Yôko, mortifiée, voulut partir, mais elle prit sur elle et son visage devint indifférent.

— Permettez-moi de vous dire, Madame, qu'il y a beaucoup de gens qui parlent de vous à mon mari… Il a le caractère que vous savez. Dans ses moments d'irritation, je ne peux le calmer. Il me paraît même singulier qu'il ait accepté que je vous fasse entrer… D'ailleurs, depuis quelque temps, l'accord ne règne plus dans notre foyer. Le pasteur est plus impatient que jamais et il y a des jours où je me demande ce que je dois faire…

Cette femme, domptée par l'autorité maritale, laissa deviner, à travers une expression résignée de religieuse, l'état de solitude où était son âme.

Si Mme Uchida s'épanchait ainsi, c'est qu'elle éprouvait pour Yôko une certaine sympathie.

Yôko, émue, répondit par des marques d'amitié. Pourtant, tout en s'élevant contre les manières du pasteur, elle sentait, malgré elle, le dédain plisser le coin de sa bouche et froncer ses sourcils. Une pâleur subite avait durci ses traits mobiles.

— Pourquoi ne vous fâchez-vous pas ? Si c'était moi, je quitterais la maison après une dispute avec M. Uchida ! Bien sûr, je sais combien c'est un grand homme, mais je suis née moi-même avec mon caractère... D'ailleurs, c'est grâce à vos qualités de douceur qu'il peut poursuivre ses travaux et son apostolat. Mais moi, c'est vrai, je suis en effet un cas particulier. Mise à l'écart par tout le monde, je n'ai rien à dire... Vraiment, tout est pour le mieux ! Vous êtes destinée à subir, à endurer, tandis que lui n'en fait qu'à sa tête... Peut-être est-ce là la volonté de Dieu... Peut-être, moi aussi, par la volonté de Dieu, je suis destinée à n'en faire qu'à ma tête ! C'est pourquoi mon caractère ne s'accorde pas avec celui de M. Uchida. L'homme est plus heureux que la femme car tout lui est permis, tandis que la femme attire la critique si elle agit comme il lui plaît... Que je suis malheureuse !

Mme Uchida écoutait attentivement cette déclaration.

Tandis qu'elle parlait, Yôko détaillait la toilette de cette épouse de grand chrétien : sur les cheveux abondants, un peu de cendres de bois étaient répandues qui trahissaient son travail. Née d'une vieille famille de samouraï de Kyôto, elle avait le port noble, et cet aspect de sa personne retenait la sympathie. Yôko pensa : « Je ne peux m'occuper plus longtemps d'autrui ! » Et brusquement, d'un ton pressé :

— Je pars demain pour l'Amérique… Seule !

Surprise, Mme Uchida leva les yeux :

— Comment ? C'est vrai ?

— Oh ! oui, bien vrai… De plus, je vais me marier avec Kimura. Connaissez-vous Kimura ?

Mme Uchida voulait avoir des détails, mais Yôko poursuivit :

— C'est pourquoi je suis venue vous faire mes adieux. Quand M. Uchida rentrera, veuillez lui présenter mes respects. Ajoutez que je ne sais ce que je vais devenir… Portez-vous bien… Votre fils est à l'école maintenant, n'est-ce pas ? Il doit être bien grand ! Je regrette de n'avoir rien apporté pour lui, j'étais si préoccupée…

Souriante, elle se leva. Mme Uchida l'accompagna jusqu'à la porte ; dans ses yeux, il y avait des larmes. En s'en apercevant, Yôko se dit qu'on pleurait parfois sans raison, mais que ces larmes-là étaient dues au caractère aigre du pasteur…

— Voulez-vous bien encore dire un mot à M. Uchida ? Dites-lui qu'on doit pardonner les péchés des autres au moins trois fois... je dis cela pour vous… Moi, je ne veux pas être pardonnée par les autres, pas plus que je ne veux pardonner aux autres, par conséquent, je ne demande rien à votre mari… Voulez-vous bien lui expliquer tout cela ?

Son sourire devint ironique… Dans la rue ses lèvres tremblaient encore.

Le soleil était déjà couché derrière les arbres du parc botanique, le vent qui soufflait le matin avait cessé. En voulant tourner à gauche, elle buta durement contre une borne et faillit tomber. Sortant de sa rêverie, elle se rappela que, dans le passé, sur ce même chemin, elle avait heurté ce même obstacle, et, comme tous les gens superstitieux, elle se retourna et le considéra longuement. Ce jour-là, comme aujourd'hui, le soleil venait de se coucher et le crépuscule couvrait les alentours. Remontant plus loin dans ses souvenirs, elle se rappela qu'un jour de son enfance, elle était venue se promener ici même avec sa mère. Elle était fâchée, et, ne voulant plus aller de l'avant, se cramponnait à cette pierre fixée au sol. La physionomie de sa mère apparut clairement à ses yeux, puis, brusquement, disparut, et Yôko fut prise de vertige : le sang, coulant de son nez, salissait son kimono. Surprise, elle chercha son mouchoir, puis se réfugia dans un petit magasin de papeterie. On lui apporta un peu d'eau, elle rafraîchit son visage, et, se trouvant mieux, elle tira son miroir de sa ceinture : il était brisé en deux ; il s'était sans doute cassé au moment du heurt... Mais comment cela aurait-il été possible, puisqu'il n'y avait pas eu chute...? Cette cassure n'était-elle pas un présage de malheur ? Peut-être la rupture de ses fiançailles... Cette pensée la fit frissonner... « Que deviendrai-je à la fin ? Ou me mènera le destin qui m'a traînée jusqu'ici ? » Son trouble était si grand qu'elle ne pouvait quitter l'échoppe. Enfin, laissant un peu d'argent, elle sortit.

Elle allait se rendre chez la gouvernante de sa fille Sadako. Cette visite lui pesait. « Pourquoi la faire ? Je ne peux pas guider mes pas, comment pourrais-je diriger ceux de Sadako ? » Elle revint dans la papeterie, acheta du papier à lettres, puis écrivit à la gouvernante pour lui recommander sa fille et joignit à ce mot les billets de Nagata. Un pousse-pousse fut chargé d'aller porter la lettre. Yôko, appuyée sur son ombrelle, marcha à petits pas dans le crépuscule indécis. Son intention était de rentrer directement chez elle, mais elle suivit malgré elle le même chemin que le pousse-pousse et, lorsqu'elle s'en aperçut, elle était déjà parvenue aux environs de l'étang du parc d'Ueno, près de la demeure de sa fille ! Elle s'arrêta net. Dans les rues flottait une brume légère et les lumières des maisons commençaient à scintiller. L'air de ce quartier bien familier lui caressa le visage. Prise par une hallucination, ses lèvres touchaient les joues de Sadako, rouges et douces comme une pêche. Ses doigts palpaient la robe de la petite fille. Ses genoux supportaient le poids léger du corps de l'enfant, ses oreilles entendaient des accents mignons. Ses yeux voyaient les fossettes de son visage souriant – les fossettes de Kibe ! Une femme la frôla et se retourna d'un air soupçonneux. Yôko, pensant que ses manières pouvaient paraître étranges aux yeux des passants, marcha rapidement tout le long de l'étang, puis, immobile, arrêta son regard sur un fruit de lotus comme s'il s'agissait d'un être abandonné de tous.

VII

Il faisait déjà nuit noire quand Yokô rentra chez elle, la tête lourde, en proie à la fièvre. Derrière la porte d'entrée, étaient alignées des *geta* et des *zôri*[1] ; les invités étaient arrivés. Elle imagina le spectacle que devait offrir le salon du premier étage. Ce dîner d'adieux qui réunissait parents et connaissances lui était un supplice.

Elle rangeait ses *zôri*, lorsqu'à ses côtés une voix enfantine murmura : « Yôko, je ne veux pas que tu partes, je ne veux pas ! » Sadayo, tremblante, se jeta sur elle.

Le salon était silencieux. Soudain, la voix sévère de Mme Isokawa s'éleva, elle disait le bénédicité : « Amen ! » murmura tout le monde. Et c'est alors que Yôko entra, Sadayo pendue à son bras. Tous ces chrétiens avaient la tête inclinée. Seul Kotô leva les yeux et fixa Yôko. Après l'avoir salué d'un regard, elle commença par s'excuser

1. Les *geta* sont des socques de bois et les *zôri* des sandales de paille.

de son retard, mais son oncle, assis comme un président d'assemblée, la sermonna avec sévérité :

— Oui, tu es en retard. N'est-ce pas pour toi qu'a lieu ce dîner d'adieux ? Je ne voulais pas que nos convives perdent patience, et j'ai demandé à Mme Isokawa de dire la prière... Où es-tu donc allée ?...

Cet oncle, assez timide pour n'avoir jamais osé adresser un reproche à Yôko, faisait parade devant tout le monde de son autorité. Sans lui accorder le moindre regard, et montrant une figure tout à fait sereine :

— Mesdames, Messieurs, soyez tous les bienvenus...

Elle s'assit près de la fenêtre et fixant Kotô, continua tout haut :

— Je ne vous ai pas vu depuis longtemps... Enfin, c'est pour demain !... Avez-vous apporté ce que vous désirez que je donne de votre part à Kimura ?...

Puis elle se tourna vers Mme Isokawa, son ennemie intime :

— Madame, aujourd'hui, en chemin, j'ai vu une chose bien amusante !

Elle regarda d'un trait tous les convives.

— Je passais en pousse-pousse. Près de la tour de l'horloge du lycée, il y avait une foule énorme. Autour de quelques drapeaux, sur une table, un homme discourait à perdre haleine. C'était un discours de propagande antialcoolique. Il n'y a rien là d'extraordinaire, mais écoutez... l'orateur était Yamazaki, que vous connaissez bien...

Les oreilles étaient dressées. L'oncle se dérida et regarda Yôko malicieusement, la bouche ouverte. Elle continua :

— Son cou était rouge comme celui de Kintoki[1]. Tandis qu'il gesticulait et criait, les abstinents le contemplaient curieusement, étonnés de son ardeur, et la foule se réjouissait à la vue de ce spectacle ridicule. Elle avait raison de rire, cette foule… Ah ! pardon, mon oncle, voulez-vous bien faire servir le dîner ?

Le pauvre homme reprit sur-le-champ sa sévérité empruntée.

Dans le salon, une atmosphère de gêne pesait lourdement, malgré les sourires. Yôko était prête à se défendre contre la moindre attaque. Quelqu'un, directeur d'un bureau gouvernemental, après avoir préalablement posé sur la jeune femme un regard perçant, commença à parler d'un ton agressif :

— Madame Yôko, vous êtes enfin à la veille de vous faire une situation sérieuse… Pour nous, membres de la famille Satsuki, rien n'est plus heureux que ce mariage, et c'est maintenant que nous devons faire appel à tout votre bon sens… Nous voudrions vous voir devenir, pour l'honneur de la famille, une femme de bonnes manières, qui ne puisse plus être critiquée… Je connais bien Kimura, il a des convictions religieuses très fortes, il est adroit dans les affaires, et son esprit est mûr, posé, réfléchi… Peut-être est-il malséant d'établir ce parallèle, mais j'étais dès le début opposé à

---

1. Guerrier légendaire au visage rougeaud.

votre mariage avec M. Kibe, qui n'est qu'un rêveur… Oui, je sais bien, je le répète, il n'y a pas de comparaison à faire entre Kimura et Kibe. Quand vous vous êtes sauvée de chez celui-ci, j'ai vivement blâmé votre conduite ; or, je m'incline aujourd'hui devant ce que j'appelle votre clairvoyance…

« Kimura réussira vite, c'est certain ; c'est un homme d'affaires de premier ordre. Dans la société de demain, ce qui comptera, c'est la confiance en soi et c'est l'argent. Quand on ne veut pas être fonctionnaire, on doit entrer dans le monde de la finance ou des affaires. Le fonctionnaire doit vouer son existence à la nation, c'est notre privilège. Mais dans le négoce… Nous demandons à un ferme croyant, comme Kimura, de faire fortune afin d'aider à l'œuvre de conversion du Japon… Vous avez toujours dit que vous iriez en Amérique un jour pour faire du journalisme…

Tout le monde éclata de rire. Peut-être cette hilarité était-elle voulue tant on souffrait de la contrainte régnante. Mais Yôko entendit ces rires comme une provocation.

— ... mais faire du journalisme ! Non, vous ne devez pas y penser si vous ne voulez pas nous contrarier.

On entendit quelques ricanements.

— ... nous nous occuperons bien de votre famille. Soyez rassurée… Seulement, en compensation, nous vous demandons de servir de modèle à vos sœurs par une conduite exemplaire… Je m'occuperai de la gestion de vos biens et nous demanderons à Mme Isokawa de prendre soin d'Aiko et de Sadayo. N'est-ce pas, Messieurs ?

Le fonctionnaire regardait les convives qui hochèrent la tête en signe d'approbation. Yôko comprit que toutes ces questions avaient été tranchées avant son arrivée.

— Qu'en pensez-vous, Madame ?

Elle avait écouté dédaigneusement, comme une princesse écoute la prière d'un mendiant. La question de ses intérêts était à ses yeux secondaire. Ce qui lui tenait à cœur, c'était l'éducation de ses sœurs. Aussi, reportant son hostilité vers Mme Isokawa, elle la défia en quelques brèves paroles. Celle-ci, le visage carré et le geste bénisseur, était, de tous les convives, la personne la plus âgée et la plus redoutée. Loin de s'émouvoir, elle traita son adversaire en enfant ; Yôko se fâcha.

— Non ! Ne me dites pas que je n'en fais qu'à ma tête... Mais que cette dernière réflexion ne vous donne pas à entendre que je désire être considérée comme une femme de la bonne société, avec le même respect. Je suis restée en dehors de votre monde... Ah, que de soucis je vous aurai causés !

Elle jeta le cure-dent avec lequel elle jouait à la face de la vieille bigote.

— Aiko et Sadayo sont mes sœurs cadettes et je tiens à assurer leur éducation. Veuillez ne pas vous occuper d'elles. Je sais très bien que votre école d'Akasaka est un modèle d'école. J'y suis allée, je ne dois pas en dire de mal... Sans doute ce qui vous déplaît dans mon caractère est inné... Néanmoins, c'est votre école qui a fait mon éducation, n'est-ce pas ? Je n'ai aucun désir de confier mes sœurs à cette institution. Voyons, comment la femme y est-elle considérée ? Comme moins que rien !

Sa mémoire lui présenta aussitôt des souvenirs qui l'excitèrent.

A l'âge de douze ou treize ans, elle avait pour Dieu un amour vague. L'école chrétienne d'Akasaka enseignait la prière, l'abstinence des plaisirs, la pureté. Parvenue dans sa quatorzième année, elle entreprit de tricoter avec des fils de soie un obi représentant une croix, un soleil et une lune en blanc sur fond bleu. Avec sa nature enthousiaste, elle s'absorbait dans ce travail, y consacrant ses jours et ses nuits, animée par le seul désir de l'achever pour l'offrir à Dieu. Un jour, durant la classe d'explication de la Bible, elle tricotait, ses mains cachées sous la table. Surprise par le professeur, elle n'osa avouer son idée innocente et pieuse. On présuma, d'après la couleur de cette ceinture, que c'était un cadeau destiné à un jeune homme. La directrice de la pension, qui paraissait n'avoir jamais connu l'amour, priva la jeune écolière de toutes ses libertés, et tous les jours elle lui demandait le nom de son amoureux. La conscience de Yôko s'éveilla. Tel fut le point de départ de son émancipation. L'année suivante, elle eut un amant plus âgé qu'elle. Elle le mena à sa guise, mais bientôt – on ne sut pour quelle raison – il se suicida.

Alors dans le cœur de Yôko naquit une soif pareille à celle d'une bête fauve qui a goûté pour la première fois le sang…

— Monsieur Kôto, écoutez !... Je vous confie mes deux sœurs et je vous demande de ne pas consentir à les envoyer à l'école d'Akasaka, quelle que soit la personne qui vous en priera. J'ai rendu visite hier à l'école libre de M. Tajima, à qui j'ai demandé de pourvoir à l'éducation de mes sœurs. Vous voudrez bien les lui présenter… Ai, Sada, vous avez bien compris, n'est-ce pas ?

« Dis donc, Yôko… Toi, tu ne fais que parler », murmura Sadayo d'un ton plaintif en secouant les genoux de sa sœur. « Cela fait un moment que je t'écris quelque chose, et tu ne veux pas comprendre, tu es méchante ! »

Sadayo se pencha vers sa grande sœur, mit dans sa longue manche de petite fille la main gauche de Yôko sur laquelle elle traça des caractères avec son doigt. Yôko, silencieuse, chercha la signification de ces signes, et, tout à coup, comprit : « Si tu es gentille, tu n'iras pas en Amérique », écrivait l'enfant.

Le cœur de Yôko s'assombrit, elle dit dans un sourire forcé :

— Tu n'es pas sérieuse. Il n'y a rien à faire, rien à faire !

— Si, si, il y a à faire.

Sadayo leva ses grands yeux, et elle dit tout haut :

— Tu n'as qu'à pas te marier !

La fillette regarda les convives, ses yeux semblaient mendier l'approbation de tous. Sur les visages se lisaient des sourires forcés. L'oncle seul rit bruyamment. Aiko, toujours réservée et silencieuse, la tête inclinée, le regarda de côté et se mit à pleurer. Elle se leva vite, essuyant ses larmes. Sans doute rencontra-t-elle sa tante dans l'escalier, car on entendit le bruit d'une dispute.

— Je m'adresse cette fois à mon oncle...

De l'hostilité tremblait dans la voix de Yôko, son nez lui-même avait quelque chose d'agressif.

— Je vous remercie infiniment de la bienveillance que vous avez accordée jusqu'ici à ma famille, mais elle est en train de se désagréger, ma famille, et je confie mes sœurs à une école libre. Aussi, désormais, n'aurai-je plus besoin de votre bienveillance, mon oncle... Je suis bien gênée pour demander à M. Kotô, qui n'est pas de la famille, de s'occuper de mes sœurs, mais, puisqu'il est l'ami intime de Kimura, ce n'est pas un étranger... Monsieur Kotô, acceptez-vous ? Je vous le demande en présence de tous mes parents, vous pouvez donc répondre sans gêne. Votre responsabilité sera d'ailleurs de courte durée.

Kotô timidement regarda Mme Isokawa :

— J'ai compris, Madame, que vous aviez une préférence pour l'école d'Akasaka. Approuvez-vous que j'agisse suivant le désir qui m'est exprimé ?

Yôko fit la moue, songeant que son ami manquait d'intelligence. Mme Isokawa, contrairement à ses habitudes, dit avec un accent de colère :

— Mes sentiments, Yôko, sont ceux qu'aurait eus votre mère Oyasa. Elle avait une foi sincère et vous savez qu'elle détestait l'école libre de M. Tajima. Mais si vous êtes d'une opinion différente, je n'ai plus rien à dire… Vous n'avez qu'à agir comme vous l'entendez.

Elle fixa le buste de la jeune femme d'un air méprisant. Yôko, sa petite sœur au bras, se redressa, bombant la poitrine. Kotô croisa ses doigts, comme s'il avait compris. L'atmosphère était devenue irrespirable. Mais Mme Isokawa, l'air d'une vraie rouée, dit dans un sourire :

— Nous allons partir. Mais d'abord prions.

— Je vous demande, Madame, de ne pas prier Dieu pour une femme comme moi, dit Yôko, d'un ton tranchant, indifférente à l'apaisement général. Elle caressait Sadayo endormie, et cela servit de prétexte pour ne pas reconduire les invités qui lui murmuraient des mots d'adieu.

Quand tout ce monde fut parti, ni l'oncle ni la tante ne montèrent pour desservir la table et ranger la pièce. Devant la fenêtre grande ouverte, Yôko, avec Sadayo sur ses genoux, laissa longtemps l'air de la nuit lui rafraîchir le visage. Les rumeurs du quartier s'éteignaient, on n'entendait plus que, par instants, le roulement des tramways. Aiko, quelque part, continuait à sangloter.

— Aiko ! Sada s'est endormie, veux-tu faire le lit ?

Yôko s'étonna d'avoir interpellé sa sœur de manière aimable. Elle se sentait peu attirée par Aiko trop docile, trop obéissante, et qui n'avait jamais un sentiment personnel. La jeune fille vint et, toujours reniflant, étendit les matelas sur les tatamis de la chambre voisine. Leur enveloppe de soie crissait sous l'attouchement des doigts et au contact des nattes. Aiko se hâtait en trottinant. Yôko écoutait distraitement le glissement des petits pas. Elle jeta un coup d'œil mécontent sur les plats et les coussins restés épars dans la pièce et remarqua que le mur, à l'endroit qu'avait occupé la bibliothèque de son père, avait une couleur moins passée. Y était accroché un calendrier qui, depuis longtemps, n'était plus effeuillé…

— Yôko ! le lit est fait.

Un gentil « merci » répondit à la jeune fille. Et Yôko, portant Sadayo dans ses bras, s'apprêtait à se lever. Elle eut un éblouissement et du sang jaillit de son nez jusque sur la poitrine de la fillette.

VIII

Le ciel était couvert de nuages gris, luisants et lourds. De petites vagues sautillaient dans la baie de Tôkyô, vertes, d'une de ces couleurs qui font frissonner. Le vent de la veille était tombé et la température redevenue brusquement chaude, malgré la bruine. La ville de Yokohama avait quelque chose de fiévreux, comme un ouvrier haletant sous la pluie.

Kotô, martelant le pont du paquebot de la pointe de ses chaussures, disait à Yôko ce qu'elle devait transmettre à Kimura de sa part. Bien qu'elle parût l'écouter, elle donnait toute son attention aux allées et venues qui se faisaient autour du professeur Tagawa et de sa femme, occupés à recevoir les adieux d'innombrables connaissances. « Les yeux du professeur sont bien alourdis, songeait-elle, et les épaules de sa femme d'une extraordinaire maigreur. » Le pont-promenade, assez large, était noir de gens. Mme Isokawa, venue pour saluer Yôko, ne quittait cependant pas Mme Tagawa et remerciait les uns et les autres au nom de Yôko, avec une attitude qui faisait penser qu'elle était une parente bienveillante aimant la société. La tante de Yôko, quelques pas derrière elle, tenait à la main une valise légère et un paquet. Elle paraissait stupéfaite de voir tant de monde. A ses côtés, une servante portait sur son dos le petit idiot, à l'aspect d'araignée. La gouvernante de Yôko, debout à la porte du salon, contemplait dévotement sa maîtresse. Elle essuyait ses yeux rougis avec une serviette à carreaux. Les autres groupes se trouvaient relégués dans les coins, comme écrasés par le prestige des Tagawa. Le professeur, célèbre dans le monde des avocats, sans que rien pourtant ne l'ai jamais particulièrement distingué, devait, disait-on, sa réputation à sa femme. Yôko songeait que Mme Tagawa était une de ces épouses très fortes en apparence et très faibles dans le fond, mues par une grande ambition, mais qui ne la servaient que par des tactiques maladroites : bien qu'ayant l'air de dominer son mari, elle ne pouvait en fait se rendre indépendante de lui.

Yôko jeta un coup d'œil sur ces maigres épaules et, convaincue que sa supposition était exacte, sourit sous cape.

— Je vous ai parlé d'une façon un peu confuse, mais voulez-vous rapporter à Kimura l'essentiel de ma conversation.

Yôko tourna les yeux vers Kotô, et comme si elle avait écouté attentivement le jeune homme :

— Mais certainement… Cependant voulez-vous bien écrire à Kimura une lettre détaillée ? Car si en lui rapportant votre conversation, je me trompais, ce serait grave.

— Si vous vous trompiez ce serait sans grande importance… Mais j'ai déjà écrit cette lettre et l'ai déposée sous l'oreiller de votre couchette. J'ai encore une chose à vous communiquer…

Il hésita, puis reprit :

— Enfin, cherchez bien sous votre oreiller.

A l'instant on entendit du pont une immense clameur :

« Vive le professeur Tagawa ! »

Yôko et Kotô se retournèrent. Dans la foule, sur le quai, se pressaient les étudiants d'une école libre de sciences politiques. Le professeur, suivi de sa femme, s'avança pour remercier disciples et admirateurs. Yôko, qui se trouvait sur leur passage, arrangea ses cheveux, le bras coquettement levé, la tête gentiment inclinée. M. Tagawa se tourna vers la jeune passagère. Sa femme surprit ce mouvement. Front étroit, fortes mâchoires, expression soupçonneuse et dédaigneuse… Yôko détailla ainsi ce visage féminin. Et dans les yeux du professeur elle vit une flamme qui n'avait rien d'austère.

« Vive Mme Tagawa ! »

Ce fut une clameur plus forte que la précédente, la foule agitait chapeaux et ombrelles. Mme Tagawa montra à tout ce monde un visage apprêté et agita son mouchoir.

Un jeune étranger, en jaquette, une fleur rouge à la boutonnière, cria : « Hourra ! » et souleva son chapeau, comme si l'adieu enthousiaste de la foule était à son adresse. Le quai retentit d'une explosion de cris mêlés de rires.

Sur le pont, la confusion augmentait. Le personnel allait et venait. Dans certains groupes on pleurait. Les amis des passagers de troisième classe commençaient à descendre, pressés par le maître d'hôtel. Des boys en retard arrivèrent en courant. Une sorte de vapeur tiède aux relents de poissons enveloppa les gens qui se trouvaient sur le pont. Tout à coup le grincement des monte-charge s'arrêta. Des matelots échangeaient des ordres sur un ton qui effrayait un peu les personnes inaccoutumées à cette langue brève et sèche. Les véritables amis ne pouvaient se séparer, le cœur plein de tout ce qu'ils voulaient dire. Ceux qui n'étaient venus que par politesse se laissaient distraire et s'égayaient. L'heure du départ allait sonner.

Yôko écouta son oncle et sa tante qui murmuraient quelques phrases banales, puis elle les regarda se hâter vers l'échelle d'un air dégagé, comme s'ils venaient de s'acquitter d'une besogne ennuyeuse. Elle s'étonna de trouver à cette femme, dont elle ne voyait plus que le dos, une certaine ressemblance avec sa mère. Elle en éprouva comme un malaise. Cinq ou six parents vinrent ensuite lui souhaiter bonne chance en laissant percer une ombre de jalousie pour disparaître très vite de sa vue et de sa mémoire. Elle attacha davantage son regard sur quatre amies d'école qui descendirent l'échelle en protégeant leurs manches des gouttes de pluie. Elles avaient toutes oublié leurs promesses d'écolières de demeurer indépendantes. Enfin la gouvernante s'approcha timidement, saluant très bas. Yôko se tourna vers Kotô :

— Je crois qu'il est temps… Je vous demande d'avoir la bonté d'aider cette femme à descendre, je crains qu'elle ne glisse.

Kotô parlant comme à lui-même :

— Je voudrais aller moi aussi par ce paquebot en Amérique…

— Veuillez accompagner cette femme… Vous viendrez un jour en Amérique pour me voir. Giichi, il faut nous quitter maintenant, oui, c'est le moment.

Elle ressentit la plus vive sympathie pour ce jeune homme.

— Je ne pourrai jamais vous remercier assez… Je vous demande de tout mon cœur de veiller sur mes sœurs, elles ne peuvent être confiées aux gens d'hier soir… Adieu !

Comme un perroquet, il répéta le mot « Adieu ! » Il enfonça sur les yeux son chapeau de paille et s'éloigna avec la gouvernante. Yôko les accompagna jusqu'à la coupée et les regarda disparaître. L'image de ses sœurs apparaissait et disparaissait à leurs côtés. Le matin, Aiko lissait ses cheveux quand le peigne se brisa. Elle ne put plus alors retenir ses larmes. Quant à Sadayo, elle boudait et pleurait. Cette scène s'imposa aux yeux de Yôko. Tristesse de sa destinée qui l'emmenait maintenant outre-mer !

Elle se tourna vers le groupe des Tagawa. Deux petits garçons en uniforme de lycéens et une fillette les cheveux flottant sur le dos, l'obi noué dans le style « papillon », saluaient gravement. Une servante souleva la fillette, et sa mère, Mme Tagawa, la baisa au front. « Quelle ironie pour moi dans cet adieu de mère ! » Yôko revint vers l'échelle. Kotô avait disparu, la gouvernante aussi.

Tout à coup, on entendit un coup de gong et, sur le quai, il y eut une dernière clameur. Un matelot traînant un long cordage passa précipitamment. Les passagers se groupèrent vers la coupée, chapeaux bas. Mme Isokawa s'approcha enfin de Yôko :

— Le dernier moment est venu… Comme je vous l'ai promis, je vais vous présenter à Mme Tagawa.

Yôko savait bien que cela servait surtout à flatter la vanité de Mme Isokawa, mais entraînée par la curiosité, elle se laissa faire. Elle était désireuse aussi de voir de plus près le professeur. A cet instant, elle s'entendit appeler et une main s'abattit sur son épaule. Elle vit un homme inconnu, écarlate, puant la bière. Elle tenta de reculer, lorsqu'elle se retrouva enlacée.

— Madame Yôko, vous avez oublié jusqu'à mes traits… Vous êtes ma vie, ma vraie vie !

Il n'avait pas achevé que des larmes coulaient sur ses joues. Il serait tombé, s'il ne s'était pas appuyé sur la jeune femme.

— Vous vous mariez ?... Mes félicitations, mes félicitations. Mais vous ne serez plus au Japon…

Je me sentirai si seul que je ne pourrai plus vivre.

Il sanglotait, le front appuyé sur l'épaule de Yôko.

Elle ne pouvait se rappeler où et quand elle avait connu cet homme. Après la séparation d'avec Kibe, entraînée par le désespoir, elle avait perdu le contrôle d'elle-même. Cet homme était sans doute un de ceux qu'elle avait accueillis et quittés au gré de sa fantaisie. Peut-être avait-elle joué avec le cœur de ce malheureux. Elle se débattit, voulut fuir : en vain ! Elle était le point de mire de tout le monde, et elle sentit que les larmes du jeune homme avaient atteint jusqu'à sa peau à travers l'étoffe légère du kimono. Elle respirait la brillantine de ses cheveux en désordre… Alors voyant cet homme sangloter en public, elle oublia sa propre honte, ne se soucia plus de sa réputation, et son cœur s'ouvrit à une vague fierté, mêlée d'aversion et de pitié.

— Lâchez-moi, le paquebot part…

Elle avait parlé sèchement, mais, changeant de ton, elle lui chuchota à l'oreille :

— Tout le monde vit seul en ce monde.

Le jeune homme hocha la tête profondément, comme s'il avait bien compris, et sa main qui se cramponnait à Yôko trembla mais ne lâcha pas.

Un deuxième coup de gong retentit. Hommes du bord et passagers regardaient cette scène étrange. Mme Isokawa tenta sans y parvenir de séparer Yôko de l'inconnu. Des matelots, qui exécutaient une manœuvre, riaient à gorge déployée et l'un d'eux éternua bruyamment à dessein.

Quelques minutes encore, et c'était le départ. Yôko sentant que l'incident tournait au grotesque eut un mouvement de colère.

— Lâchez-moi, allons, lâchez-moi !

Elle cherchait auprès d'elle quelque aide. Un officier de grande taille qui causait avec le professeur Tagawa s'approcha à pas rapides.

— Je vais vous reconduire sur le quai.

A peine eut-il ainsi parlé qu'il mit la main sur l'homme. Celui-ci eut un geste de révolte, puis se débattit follement. L'officier le prit sous le bras, comme un paquet, et descendit l'échelle. Mme Isokawa, fort troublée, les suivit, sans saluer Yôko.

Une sirène stridente retentit. Du quai s'éleva un dernier cri : « Bon voyage ! »

L'officier, qui avait si bien mis fin au scandale, remonta sur le pont par une corde, agile comme un singe. La foule eut un murmure d'admiration. Yôko, appuyée au bastingage, voyait son amoureux inconnu s'approcher du paquebot, les bras levés comme un fou. Quelques personnes à ses côtés le retinrent. Essayant de se dégager, il fut projeté à terre. Sans se relever, en mordant sa main, il sanglota. Sa voix, pareille à un beuglement, montait jusqu'au pont. Les passagers sidérés contemplaient ce désespoir insensé.

Insensiblement le paquebot s'éloignait du quai et s'enfonçait dans le cadre vaste de l'horizon. Les yeux de Yôko fouillaient encore du côté de l'appontement, où la foule faisait l'effet d'une fourmilière. Kotô la regardait-il encore ?... Elle aperçut un dernier petit point noir, sans doute le jeune désespéré, agenouillé à terre. Une pluie légère tombait sur la tente du pont. Dans l'intervalle de chaque goutte, elle croyait entendre ses cris :

— Madame Yôko, vous me laissez mourir ! Vous me laissez mourir !

IX

Les passagers, les habitués des longues traversées, comme ceux qui en entreprennent une pour la première fois, ne peuvent demeurer en place, pendant que le bateau lève l'ancre et quitte le port.

Tous, avec quelque fébrilité, s'étaient assemblés sur le *spardeck* ; ils regardaient la silhouette de Yokohama s'effacer peu à peu. Yôko aussi était là, les yeux sur la terre qui fuyait. Elle laissait la pluie fine fouetter son visage. Mais ce qu'elle voyait, c'était la figure de ses amis, les intimes et les indifférents. Ils apparaissaient et disparaissaient les uns après les autres, faisant le geste qui exprimait le mieux leurs sentiments. Sa volonté n'intervenait pas dans ces visions. Elles se déroulaient d'elles-mêmes. Yôko pensa qu'il serait pénible de rompre cette rêverie, due à son état d'extrême fatigue… A son tour, la figure du jeune inconnu parut. Pourquoi cet homme s'était-il ainsi attaché à elle ? Il avait de beaux cheveux en désordre où jouait la lumière du crépuscule. De son bras gauche, qu'il avait mordu, le sang coulait goutte à goutte. Chaque fois qu'une goutte jaillissait, elle s'évaporait dans une coloration d'arc-en-ciel... « Vous m'abandonnez ! » Elle entendait encore cette voix... Sortie de sa rêverie, elle y retomba bientôt, après un regard jeté sur le pont, comme l'enfant, un instant réveillé, retourne au sommeil.

Un torrent peut rouler ses eaux épaisses auprès d'une onde calme et transparente... L'âme de Yôko était portée sur une nappe d'eau paisible, tandis que, tel un objet étranger, son propre destin tourbillonnait dans les remous du flot voisin. Etonnée de sa sérénité, elle demeura penchée sur la mer. « Le professeur Tagawa ?... » songea-t-elle avec une expression gamine. Elle supposa que le professeur et sa femme échangeaient leurs impressions avec les autres passagers, allongés sur des chaises longues de l'autre côté du pont. A cet instant, elle sentit une sorte de tiédeur sur son épaule... Là, il avait versé des larmes chaudes... Elle voulut voir cet endroit de sa chair et tourna légèrement la tête. Alors apparut le visage hâlé de l'officier qui avait emporté l'amoureux dément sur le quai ; elle vit ses sourcils bien arqués et sa moustache très noire.

La vitesse augmentait. On allait dans un brouillard de fine pluie. L'eau courait le long des flancs du bateau en bouillonnant. Ce bruit la ramena à la réalité des choses. Mais c'est encore l'officier qu'elle vit. Non plus cette fois dans un rêve... Elle le regarda longuement, comme Eve avait regardé pour la première fois Adam...

— Le voyage sera long... Mais nous sommes déjà à une assez bonne distance de Yokohama.

Il indiquait la direction du port de son bras étendu et, de ce geste, se dégageait la force robuste de l'homme qui vit sur la mer. Yôko inclina la tête sans parler, ressentant vaguement un choc dans sa poitrine. La voix forte et rauque résonna de nouveau.

— Etes-vous seule, Madame ?

Elle inclina encore la tête. Le paquebot était agité par sa propre vitesse. Les pas n'étaient plus très sûrs. Elle regarda le vaste horizon, mais cette présence à ses côtés l'inquiétait. Ce trouble, Yôko le connaissait pour la première fois. Elle voulut tout d'abord rompre cette impression pénible en parlant à son tour, mais elle ne le put. Elle sentait qu'il lui était impossible d'exprimer sa pensée de façon naturelle. Pouvait-elle retomber dans sa rêverie, demeurer indifférente devant cet officier ? Elle devenait de plus en plus nerveuse. Elle imagina que son regard avait le pouvoir de percer l'horizon, par-delà la pluie fumante. L'officier, insensible à ce voisinage féminin, tira un papier de sa poche et y nota quelque chose en fronçant les sourcils, comme s'il avait failli oublier un fait important. Il gratta son col, secoua ses doigts... Ce manège portait à son comble l'énervement de Yôko, elle quitta l'appui et se dirigea vers l'escalier.

— Descendez-vous, Madame ?

— Je vais dans ma cabine.

Sa voix, contrairement à l'intention qu'elle avait eue, resta aimable. Il s'approcha à grands pas.

— Ah ! oui… votre cabine. M. Nagata m'a parlé de vous… Comme vous êtes seule, je vous ai changée de cabine, vous serez à côté de l'infirmerie. Cette cabine est peut-être un peu plus petite que celle que vous deviez occuper, mais elle a toutes sortes de commodités, je vais vous y conduire.

Il devança Yôko… Elle respira l'odeur de cet homme, mélange de saké et de cigare. Et tout en suivant cet officier qui marchait d'un pas cadencé, elle contempla avec émotion son cou puissant et sa large carrure. Il entra dans un couloir sombre, longea la salle à manger. A droite d'une porte surmontée de l'inscription « Infirmerie » se trouvait la cabine numéro 12. Déjà le nom de *Mme Yôko Satsuki* y était inscrit. L'officier frappa à la porte de l'infirmerie. Un homme en bras de chemise, col rabattu, montra un visage long et blanc. En voyant Yôko, il se hâta de rentrer. D'une voix forte et familière, l'officier cria :

— Dites-donc, le numéro 12 est-il bien nettoyé ?

Alors, de l'infirmerie, une voix efféminée répondit :

— Oui, Monsieur, je l'ai fait faire, la chambre doit être propre, voulez-vous voir ? Moi, pour le moment, je ne peux sortir.

— Cette cabine est en réalité celle du médecin qui me l'a cédée aimablement pour vous. Je lui avais dit de la faire mettre en ordre, mais il faut voir si elle est dans un état convenable.

Il ouvrit la porte et jeta un coup d'œil :

— Ça va.

Cédant le chemin, il tendit à Yôko une carte de visite :

SANKICHI KURACHI
« ENOSHIMA-MARU »
Compagnie japonaise
des messageries maritimes

— Je suis le commissaire du bord. Si vous avez besoin de quelque chose, tout à votre service.

Yôko s'inclina, prit la carte et allait entrer dans la cabine lorsqu'elle entendit ces mots :

— Oh ! Monsieur le commissaire, vous êtes ici ?

Le professeur Tagawa et sa femme apparurent dans la coursive. Le commissaire ôta sa casquette. Mme Tagawa, en vêtements européens, s'approcha de Yôko et mettant ses yeux, qui brillaient à travers des lunettes, dans les yeux de la jeune femme :

— C'est de vous que Mme Isokawa m'a parlé, n'est-ce pas ? J'ai oublié votre nom, comment vous appelez-vous ?

Ces mots, « comment vous appelez-vous ? » contenaient un certain dédain. Yôko, qui avait montré au commissaire une nature soumise, faillit céder à son impulsivité habituelle. Mais elle se demanda par quelle attitude il convenait de répondre à l'interpellation de la passagère. Elle se fit tout à fait humble.

— Ah !

Exclamation de surprise polie…

— Vous êtes venue jusqu'ici... Je vous en remercie, je suis très honorée... Je me nomme Yôko Satsuki. Je ne suis pas habituée aux voyages et, de plus, je suis seule...

Elle jeta un coup d'œil furtif à M. Tagawa.

— Je sollicite votre amitié.

Elle salua de nouveau. M. Tagawa répondit vite, comme impatient de parler :

— Mon épouse n'est pas non plus habituée aux voyages. En somme, il n'y a que deux dames sur ce paquebot, vous et elle, alors vous devrez devenir amies.

Mais il eut tout à coup une attitude gênée, comme s'il avait craint de déplaire à sa femme. Il s'adressa au commissaire :

— Combien y a-t-il de Japonaises dans les autres classes ?

La voix rauque répondit :

— Je n'ai pas encore examiné les registres. Le nombre des inscriptions a beaucoup augmenté ces jours-ci. Peut-être y a-t-il une quarantaine de passagères... Madame, voici l'infirmerie. Quelquefois le Pacifique est le théâtre de violentes tempêtes. Si vous avez besoin de quelques soins... Je voudrais vous présenter au médecin.

— Comment ? Il y a des tempêtes ?

Mme Tagawa prit un air peureux et regarda Yôko en changeant de couleur.

— Oh ! oui, Madame, pas mal de tempêtes, dit le commissaire en dévisageant Yôko et en lui souriant.

Dès que M. Kôroku, le médecin du bord, ouvrit la porte de l'infirmerie, le commissaire fit les présentations. Les Tagawa s'éloignèrent. Yôko ouvrit sa cabine, humide par ce temps de pluie et pleine de l'odeur particulière des paquebots. Elle se déshabilla dans l'étroit espace que laissaient les bagages, la couchette, le sofa et le lavabo. Sa poitrine et ses épaules étaient trempées de sueur. Sur un guéridon, devant la glace, se trouvaient un paquet de fruits et deux bouquets de fleurs. Elle prit un des bouquets, un carton tomba, c'était la photographie d'une jeune fille en robe d'étudiante. Au dos, ces mots étaient écrits : « A M. Kôroku, de la part de Chiyo, laissée toute seule. » Il était impossible que M. Kôroku eût oublié cet envoi. Certainement il l'avait laissé là à dessein. Yôko se dit : « Il veut éveiller chez moi de la curiosité ou de la jalousie. » Elle jeta dédaigneusement à terre la photographie. « Voilà qui montre bien l'attitude des marins vis-à-vis des passagères seules. » Un sourire ironique plissa le coin de sa bouche.

Quelqu'un ouvrit la porte sans frapper. Rougissante, elle cacha, avec le vêtement d'intérieur qu'elle venait de tirer de la malle, un corps qui, sous la soie légère du kimono de dessous, à moitié défait, se devinait mince et onduleux. Kôroku ne se décidait ni à entrer, ni à sortir. Il restait debout, immobile, sur le seuil.

— Excusez-moi, je viens de me déshabiller. Un instant, je vous prie. Qu'y a-t-il ?

Ce ton aimable déconcerta davantage le médecin.

— Hum ! Oui… Cela peut attendre… Mais le boy m'a apporté ces deux lettres qui étaient sous l'oreiller de votre première cabine… Je voulais vous les remettre au plus tôt.

Il tira de sa poche les deux lettres de Kôto, adressées l'une à Kimura, l'autre à Yôko elle-même. Les yeux du médecin se plissèrent, esquisse d'un sourire plein de sous-entendus. Yôko crut qu'il pensait qu'elle avait usé avec ses lettres du même stratagème que lui avec la photo. Elle ramassa l'image et désignant le verso :

— J'ai trouvé ceci par terre. C'est votre sœur ? Elle est jolie.

Kôroku sortit en marmottant quelque excuse… Bientôt on entendit le rire du commissaire dans l'infirmerie. Yôko sursauta, dressa l'oreille. Secouée d'une hilarité, une voix très nette disait :

— *Devil take it ! No tame creature then, eh ?* [1]

Une allumette craqua, quelques mots sortirent de lèvres embarrassées d'un cigare.

— Dans quelques instants inspection générale ! Tout est-il bien en ordre par ici ?

Une vague odeur de tabac pénétra dans la cabine. Yôko leva la tête, cessa d'écouter et, souriante, regarda tout autour d'elle. Se voyant réellement seule, elle continua à se dévêtir, entièrement rassurée.

---

1. Le diable l'emporte ! Ce n'est pas une créature facile.

X

Trois jours s'étaient écoulés depuis que l'*Enoshima-Maru* avait levé l'ancre. Sorti de la baie de Tôkyô, il avait navigué dans le « courant noir »[1], était passé au large de la montagne Kinka, se dirigeant en droite ligne vers le nord-est. A partir du second jour, la température s'était brusquement rafraîchie. On ne voyait plus aucune terre. Les seuls êtres vivants dans cette immensité étaient une bande d'oiseaux de mer, le ventre blanc, le dos gris, qui volaient dans le sillage du paquebot en lançant des cris mélancoliques. Des lambeaux de brouillard, lourds et froids, enveloppaient le bateau, couraient comme des fumées, vers le sud, puis disparaissaient, laissant le ciel bleu derrière eux. Bien qu'il n'y eût aucun souffle de vent, l'océan était soulevé de vagues sombres.

Jusque-là, Yôko était restée dans sa cabine, sans même aller à la salle à manger. Non pas à

1. Le « courant noir », Kuro-shio, est un courant marin chaud venu du sud qui longe la façade pacifique du Japon.

cause du mal de mer – elle avait même plus d'appétit qu'à l'ordinaire, et l'air salin lui infusait une nouvelle énergie –, mais l'impossibilité de dépenser ses forces rendait son âme maussade. Et, en réalité, elle ne quittait pas la cabine pour mieux jouir de sa solitude. C'était la première fois en effet qu'elle connaissait un tel isolement. Cependant la véritable raison de cette retraite n'avait aucun rapport avec le désir de se remémorer le passé ou de songer à l'avenir. Yôko, n'ignorant pas que, pour tous les passagers, elle était un véritable objet de curiosité, pensait qu'une vedette ne doit pas apparaître sur la scène dès le lever de rideau, qu'elle doit se faire attendre et désirer…

A l'aube du troisième jour, les radiateurs firent entendre leurs murmures. Une chaleur oppressante envahit les cabines. Lasse d'avoir trop dormi depuis le départ, lasse de sa longue inactivité, Yôko, le corps moite, s'agitait dans son étroite couchette. Elle sentait ses membres engourdis. Allongée sur le dos, elle referma les yeux, les bras repliés au-dessus de sa tête, les doigts jouant avec les cheveux dérangés. Elle retomba dans une douce somnolence, puis, se réveillant brusquement, s'agenouilla, essuya la buée du hublot, colla ses joues à la vitre froide…

Le jour n'était pas encore tout à fait levé. Par le hublot, on ne voyait qu'une grisaille sombre. Le paquebot montait et descendait sur les vagues qui se brisaient contre son flanc, tout près du hublot, faisant vibrer la cabine. Les yeux perdus sur l'immensité terne, Yôko jouissait de ces balancements et de ces soubresauts. Elle goûtait les sentiments complexes qu'éveillent une longue traversée et cette sorte d'arrachement à son pays. Cependant dans ses yeux aucune de ces larmes que pleurent les femmes ne montaient. Il lui semblait vivre un rêve pathétique…

Les tableaux du passé, sans liens et sans fin, se déroulaient les uns après les autres. La petite fille qui, par excès d'amour pour Jésus-Christ, avait tricoté jour et nuit un obi portant une croix apparut ; le parfum exquis des fleurs d'orchidée, près de la fenêtre de l'école, monta à ses narines, puis ce furent les forêts de chênes qui embellissent la plaine de Musashi… Yôko fut amenée également à revivre son amour avec Kibe, qui, la poitrine appuyée sur ses genoux, parlait d'une voix basse et tremblante. Sous ses yeux s'ouvrit un paysage de Sendai, la montagne Aoba vue de la rivière Hirose. Le soleil d'été brille intensément dans le ciel du nord et dans la rivière, qui serpente au milieu des sables blancs, une bande de gamins s'ébattent, tout nus… Il faisait si chaud cet été-là ! Elle revit aussi une jeune femme absorbée dans ses réflexions qui, assise sur l'herbe, se protégeait du soleil avec une ombrelle aux couleurs vives. Son destin l'entraînait de plus en plus vers des jours sombres. Déjà elle se disait qu'elle s'était trompée de chemin. Elle en voulait à Dieu ! Il y avait là, tout près, une chambre où un enfant était né. Des cris de bébé bien vivant s'élevaient dans le silence. Elle s'abandonnait alors aux joies de la maternité, et une fierté étrange lui faisait dire : « J'ai vaincu le monde »... Puis, dans un lit, moribonde, une femme âgée veut se réconcilier avec sa fille, elle est comme égarée au seuil de la mort... Le visage de sa mère apparut avec une telle vigueur que Yôko put appréhender la fin de sa rêverie.

Dans les grisailles de l'aube marine et du souvenir, ces visions se succédèrent, se rapprochant toujours plus du présent. Ce furent d'abord les traits de Kimura, Kimura qui attendait la consécration de longues fiançailles... Puis l'image du commissaire apparut – large carrure, face hâlée. Yôko détacha ses yeux du hublot, comme pour éviter une image désagréable ; elle sauta hors de la couchette. L'air chaud de la cabine était suffocant. Une sorte de malaise la fit tituber. Les repas copieux et les journées d'inaction avaient mis la fièvre dans son sang. Elle trempa une serviette dans l'eau froide du lavabo, la mit entre ses deux seins soulevés par des palpitations rapides et fortes. Le miroir lui renvoya un visage lugubre. Bientôt son trouble s'apaisa et elle fut de nouveau entraînée dans ses réflexions, mais cette fois de façon plus pratique. « En somme que vais-je devenir ? »

Le mariage serait le lien qui l'empêcherait de rouler au fond de l'abîme. Une ultime occasion s'offrait à elle de se réconcilier avec la société, et ce n'était pas à la légère qu'elle pouvait prendre la décision de repousser cette dernière planche de salut. D'ailleurs la misère l'attendait si elle refusait de se soumettre au joug de Kimura ; sa bourse ne contenait que cent cinquante dollars ! Elle devait demander aussi à son futur époux de payer les frais d'éducation de Sadako. Car tous ceux qui auraient dû, par devoir de parenté, s'intéresser à la fille de Kibe, non seulement manquaient de charité, mais encore, quand on les pressentait, montraient un cœur intéressé, et ceux qui avaient pitié refusaient leur confiance à la mère de la fillette. Décidément Yôko n'avait pas d'autre appui que Kimura qui cependant ne lui inspirait ni amour, ni affection. Pauvre Kimura ! Aveuglé par le charme de Yôko, il allait se charger d'un lourd fardeau.

« Que faire ? »

Elle sortit du tiroir la lettre de Kotô qu'elle n'avait pas encore lue et décacheta soigneusement l'enveloppe :

« Pouvez-vous imaginer que la femme puisse avoir un rôle de domestique ? Cette question m'attriste chaque fois que je songe à vous. Quelqu'un osera-t-il dire qu'il est juste de se faire servir, alors que l'on ne sert pas soi-même ? Réfléchissez là-dessus… Tout ce que vous faites est très osé, et cependant vous agissez comme si vous n'aviez pas conscience du péril. Est-ce parce que votre esprit vous offre toujours un moyen de vous tirer des difficultés ? Je vous ai vue pour la première fois cet été, lorsque vous êtes allée à Hachiman avec Kimura afin d'éviter la chaleur. Je ne sais donc presque rien de vous. D'ailleurs je ne connais rien de la femme en général, et le peu que j'ai appris en vous observant me la fait apparaître comme une grande énigme.

« Savez-vous où vous arrêterez définitivement votre marche ? A mon sens, c'est en vous mariant avec Kimura. Quand une femme se marie, elle ne doit plus connaître que son époux. Bien que je sois du même âge que vous, vous me traitez en enfant, aussi n'attacherez-vous pas d'importance à ce que je dis. Mais l'enfant a des intuitions justes, l'enfant voit toute chose sous une forme nette et claire... Tout en vous parlant ainsi, je ne puis m'empêcher de vous envier, de vous détester et même d'avoir de la sympathie pour vous. Quelquefois, malgré la résistance de ma raison, vous éveillez même en moi plus que de la sympathie. Et je ne veux pas n'écouter que la raison pour ne tenir aucun compte de ce sentiment qui est né au fond de mon cœur. Je ne suis pas si sévère envers moi-même ! Pourtant je ne peux pas vous respecter dans votre situation. J'ose espérer qu'un jour il me sera possible de le faire comme épouse de mon ami. »

Cette lettre fit sur Yôko l'effet d'un discours enfantin. Kôto cependant n'avait-il pas vu loin dans son cœur ? Cet enfant, comme il se qualifiait lui-même, qui avait reçu une éducation moderne, qui aimait les idées nouvelles et qui vivait à l'écart de toutes les routines du monde, cet enfant tremblait que Yôko ne s'enfonce plus avant dans le mépris de la société. Il ne comprenait pas que la question du mariage pour une femme était liée étroitement au problème de la vie matérielle.

Yôko imagina la vie où elle allait entrer. « Comment les Américains m'accueilleront-ils ?

En somme c'est très intéressant de s'introduire dans une société inconnue en coupant radicalement avec un passé douloureux. Peut-être que là-bas la vie pratique s'accorde avec l'amour. Peut-être que là-bas le charme féminin est libre de tout joug et peut agir par son propre pouvoir… Peut-être que là-bas, avec de l'intelligence et des talents, la femme sait faire reconnaître sa valeur sans l'aide de l'homme… Peut-être est-il possible, pour elle, de respirer librement… » Ces pensées mirent Yôko de bonne humeur. Les mots de Kotô ne lui semblèrent plus qu'une plainte de vieillard… Elle se leva vivement et s'approcha du miroir pour faire sa toilette. « Que Kimura soit mon mari, c'est tout à fait sans importance… Je me ferai le masque de l'épouse. »

Yôko souriait, tantôt secouant ses cheveux, tantôt les peignant. Elle essuya la poudre autour de ses yeux avec un coin de serviette, examina la jolie rangée de ses dents, puis soigna ses ongles. Un kimono de couleur vive fut tiré de la malle. Au portemanteau pendait le vêtement du départ, lui rappelant le jeune homme qui sanglotait sur son épaule.

Le jour était tout à fait levé, la lumière étincelait sur la mer, malgré un ciel toujours grisâtre.

Yôko entendit les pas du vieil Américain qui, accompagné de sa fille, se promenait chaque matin sur le pont. Elle s'assit sur la chaise-longue de sa cabine, les jambes allongées. Le boy lui apporta le café. Dans un geste de pudeur, elle ramena ses jambes sous elle. Le boy, avec son éternel sourire, mit le plateau sur un guéridon et demanda s'il devait encore servir les repas. Elle répondit gaiement :

— Non ! Dès ce soir, j'irai à la salle à manger.

Le boy s'éloigna rapidement en jetant sur la passagère un coup d'œil furtif. Elle l'entendit dire à un de ses camarades :

— Bientôt, enfin l'apparition !

Et l'autre de répliquer :

— Ah ! La belle va se montrer…

Yôko pensa au commissaire. Elle le verrait à la salle à manger… « Il n'est pas venu s'informer une seule fois de la santé d'une passagère qui, pendant trois jours, n'a pas paru aux repas. Quel triste commissaire !... » Puis elle trouva étrange de se préoccuper d'un homme robuste et vigoureux, dont elle ignorait tout. Elle prit dans sa ceinture la carte de visite de M. Kurachi, la tourna dans tous les sens, s'absorbant dans sa lecture comme si une longue missive avait été écrite sur le petit carton blanc.

XI

Le soir, revêtue d'un kimono sévère, Yôko parut enfin dans la la salle à manger. On lui eût donné vingt ans à peine. Mme Tagawa était assise à droite du commissaire avec, en face d'elle, son mari. La place de Yôko était indiquée à côté de celle du professeur. Quand on entendit le glissement de ses pas, les premiers, les boys s'agitèrent, suivi du vieux capitaine qui manifesta quelque émoi. D'un air gêné, il se leva et, après avoir fait passer la jeune femme devant lui, se rassit tout rouge. M. Tagawa regarda sa femme à la dérobée puis recula son gros corps pour permettre à Yôko de s'asseoir à ses côtés. En arrangeant son kimono, cette dernière sentit tous les regards posés sur elle, dont, notamment, l'œil froid de sa voisine. Elle déplia sa serviette et salua légèrement la femme du professeur qui, du coin de ses yeux chargés d'hostilité, lui adressa un semblant de sourire. Mme Tagawa ouvrit la bouche pour parler, au moment même où son mari, dont le discours avait été interrompu par l'apparition de Yôko, allait reprendre la parole ; l'un et l'autre se turent et ils se regardèrent interloqués. Jusque-là concentrés sur Yôko, les convives japonais et étrangers tournèrent leurs regards vers le couple Tagawa. Après avoir fait signe au professeur d'une inclination de la tête et prononcé un mot d'excuse, Mme Tagawa dit à Yôko, d'une voix claire et nette que tout le monde put entendre :

— J'étais inquiète de votre absence, étiez-vous incommodée par le voyage ?

Les paroles de cette femme avaient le ton autoritaire des gens habitués à diriger. Yôko, sans qu'il lui en coûtât trop, prit une attitude humble et répondit affirmativement par un sourire. Le professeur put alors continuer son entretien avec le commissaire.

— Puis... Donc... Par conséquent...

Il n'arrivait pas à reprendre le fil de ses propos et Yôko comprit tout de suite que le cœur du professeur était troublé. Son amour-propre fut satisfait à l'idée qu'elle pouvait changer à son gré l'atmosphère d'une assemblée nombreuse. Elle prit un peu de potage en restant attentive au tour qu'allait prendre la conversation. Le commissaire observait les divers passagers comme s'il se préoccupait de leur bien-être. Il dit de sa voix sourde :

— Enfin, quelle est la véritable signification de la doctrine de Monroe ?

M. Tagawa baissa la tête de côté.

— Ah ! oui, voilà... Nous discutions de ce sujet. La doctrine de Monroe avait à l'origine pour objet d'empêcher l'intervention de l'Europe dans les pays nouvellement indépendants de l'Amérique, mais elle a changé d'aspect avec le temps. Les termes de la déclaration de Monroe étaient un peu vagues, et aujourd'hui on l'interprète comme on veut, au gré des circonstances… Par exemple, McKinley en a extrêmement élargi la portée véritable. Qu'en pensez-vous, monsieur Saitô ?

Il fixa alors un jeune homme qui lui faisait presque face. Ainsi interpellé, M. Saitô, attaché à l'ambassade de Washington, rougit, regarda Yôko puis le professeur. N'ayant pas bien saisi la question, il se trouvait manifestement plongé dans un embarras extrême. M. Tagawa considéra un instant le jeune homme d'un air supérieur. Il se tourna de nouveau vers le commissaire, lorsque le capitaine s'écria :

— *You mean Teddy the roughrider* ?[1]

Le professeur, qui ignorait que le capitaine anglais comprît si bien le japonais, se troubla et ne sut que répondre. Sa femme, en hâte, dit à sa place, avec un bon accent :

— *Good hit for you, Mr. Captain.*[2]

Tous les convives, surtout les étrangers, fixaient Mme Tagawa. Elle jeta un coup d'œil rapide, à peine perceptible, sur Yôko qui, sans rien manifester, avalait sa nourriture, se moquant

1. Vous voulez parler de Teddy (Theodore Roosevelt) le cavalier rebelle ?

2. Exactement... Bravo, Capitaine.

à part elle de la peine que tout le monde prenait pour l'impressionner. Depuis son entrée, quelque chose était changé. Les jeunes gens se montraient émus, ils parlaient sur un ton saccadé. L'un d'eux, de noble apparence – et assurément de haute naissance, puisqu'il était assis auprès du capitaine – paraissait tellement remué qu'il ne levait plus le nez de son assiette. Seul le commissaire regardait la jeune passagère avec un calme imperturbable, il la forçait même à détourner son regard quand elle le posait sur lui. Dans les yeux de cet homme passait une lueur insolente qui disait trop sa longue expérience du cœur féminin. Chaque fois que son regard était ainsi dédaigneusement repoussé, Yôko éprouvait un violent sentiment de dépit, et n'en était que plus curieuse de connaître la force étrange qui se cachait au fond de ces yeux. Le dîner achevé, elle salua aimablement le professeur qui l'avait aidée à s'asseoir, quand, toujours intriguée par l'expression mystérieuse du commissaire, elle entendit Mme Tagawa s'adresser à elle.

— Il vaudrait mieux que vous sortiez un peu, il fait assez froid, mais l'air est bon dehors ; je vous y rejoindrai moi-même après avoir pris un châle.

Sa cabine lui parut maintenant étroite et étouffante. Elle se couvrit le cou d'une fourrure et monta sur le pont. Cinq ou six passagers étrangers, enveloppés d'épais manteaux, se promenaient. Mme Tagawa n'était pas encore arrivée. L'air froid et salin remplit la poitrine de Yôko, elle sentit que son sang affluait à ses joues, piquant sa peau comme des aiguilles. Du bastingage, elle contemplait les vagues qui s'approchaient du paquebot. La dernière lueur du crépuscule ayant disparu, une obscurité profonde régnait partout. Seuls quelques nuages porteurs de neige, comme en lutte avec ces ténèbres, diffusaient une triste clarté. Par-delà les vagues noires, se gonflant et se creusant, d'innombrables vagues naissaient encore… Le paquebot se mouvait plus vigoureusement qu'elle ne l'avait cru, il fendait la résistance lourde de l'eau et cet effort, Yôko le ressentait dans tout son corps. Elle se soulevait et retombait avec le navire, les yeux sur les sommets ou dans les vallées des vagues noires. Un feu rouge en haut du mât se balançait. L'air froid s'insinuait dans sa tête, à travers ses cheveux abondants. La migraine s'empara d'elle. Et brusquement, une sensation de solitude la déchira. Ses tempes se mirent à battre et elle fut en proie au mal de mer. Personne ne se trouvait plus sur le pont. Rentrer dans sa cabine ? Elle n'en eut pas le courage et, soutenant son front dans ses mains, elle se pencha, les yeux fermés. La conscience de son isolement s'aiguisa, elle revécut ses souffrances de mère quand elle portait Sadako. Pour échapper à ce souvenir, elle chercha une distraction dans le jeu des vagues agitées, mais cette vue lui donna le vertige et elle porta de nouveau ses mains au visage.

« Il me faudrait vomir… »

Elle se pencha davantage. Soulagée, une torpeur l'envahit. Le mouchoir sur la bouche, elle regarda de côté. Toujours personne sur le pont et les hublots n'étaient plus éclairés. Sachant qu'elle n'était pas vue, elle laissa son mal la reprendre. Elle pleura abondamment aussi. Une pierre, quand on rompt la corde qui la soutient, obéit à la loi de la pesanteur… Yôko s'abandonna… De nouveau, certaines images de son passé surgirent, mais, après la tension qu'elle avait subie, elle en goûta d'autant plus la sombre tristesse.

A l'école, lorsqu'elle sentait les larmes monter, elle se dérobait aux yeux des autres en se réfugiant dans un coin solitaire. L'être qui souffre et qui montre ses larmes, pensait-elle, s'avère aussi vil que le mendiant qui implore la pitié ou le vieillard qui geint… Ce soir-là, cependant, sur ce bateau, elle se sentait capable de pleurer devant n'importe qui. Elle éprouvait même le besoin de sangloter afin, sans doute, d'avoir à être consolée. Avec cet espoir, elle continua à pleurer simplement et innocemment comme une petite fille. Tout à coup des pas résonnèrent de l'autre côté du pont. On aurait dit qu'il s'agissait de deux personnes. Alors s'évanouit aussitôt le désir d'étaler sa douleur devant tous, de se jeter sur une poitrine. Elle essuya en hâte ses yeux et s'apprêta à fuir. Trop tard !... Le couple Tagawa approchait.

— Oh ! Mon Dieu… C'est vous, Madame, nous sommes en retard, nous avons été retenus. N'avez-vous pas froid si tard dehors. Vous sentez-vous mieux ?

Mme Tagawa lui parlait toujours comme à une inférieure. Elle s'avança de plus près. Yôko craignit d'être devinée et, dans son désarroi, elle sentit un certain mécontentement la gagner.

— Je ne sais pas ce qui s'est passé… Peut-être ai-je été surprise par le froid... je viens de me trouver indisposée…

— Mal au cœur ?... Que c'est pénible !

Le professeur approuvait de la tête, engoncé dans un épais manteau. Sa femme, elle, était en robe européenne, avec un chapeau russe. Entre eux, Yôko, fluette, élancée, semblait être leur fille. Il dit :

— Nous allons nous promener un peu.

Et Mme Tagawa :

— Quelques pas feront du bien à Madame.

Yôko, ainsi contrainte de marcher avec le couple, écoutait mélancoliquement le bruit de leurs pas auquel se joignait celui de ses propres sandales.

Le bateau se mouvait avec de larges oscillations et de forts grincements. Il fallait marcher précautionneusement en cherchant son centre de gravité.

Le professeur tenta de discuter avec Yôko, mais c'était toujours sa femme qui répondait à la place de celle-ci. M. et Mme Tagawa, pour remplir le silence qui s'était installé, parlèrent entre eux de choses insignifiantes. Leur compagne, qui s'avançait comme dans un rêve, prêta l'oreille au mot de « commissaire » et devint tout à coup nerveuse.

— Il a l'air d'un homme qui a beaucoup vécu et qui a eu toutes sortes d'aventures.

— C'est d'ailleurs le cas, paraît-il.

— On dit qu'il n'est pas maladroit à la roulette.

— Vraiment ?

Yôko aurait voulu en savoir davantage. Au bout de quelques instants, Mme Tagawa reprit :

— Je déteste être à table auprès du commissaire…

— Alors, tu n'as qu'à demander à Madame de te céder sa place.

Yôko tenta de deviner à travers les ténèbres son interlocutrice qui répliquait au professeur :

— Quand on est marié, on ne peut s'asseoir l'un à côté de l'autre… N'est-ce pas, Madame ?

Après cette interrogation, faite en riant, il y en eut encore beaucoup d'autres ; Mme Tagawa questionna Yôko sur son passé. Elle répondit docilement, encouragée par les paroles bienveillantes du mari. Mais quand cette curiosité toute féminine en vint à toucher certains points délicats de sa vie intime, la fiancée de Kimura songea :

« Mme Tagawa, malgré ses prétentions, n'est pas une femme de la bonne société. Que peuvent donc bien lui faire tous ces détails ? Elle n'est pas assez âgée pour s'intéresser à la jeunesse… Pourquoi ce regard plongé dans mon aventureux passé ? Elle se moque de moi ! »

D'un mouvement hostile, Yôko se mordit les lèvres. A la lumière du salon, le professeur regarda l'heure à sa montre. Il dit qu'il était temps de rejoindre les cabines. En descendant l'escalier, Mme Tagawa demanda :

— Madame, est-ce que le commissaire est venu souvent dans votre cabine ?

Cette question indigna Yôko. Convenait-il de répondre sur le ton ironique qui lui était familier ?

Elle pensa qu'il valait mieux dire simplement :

— Non, il ne vient jamais...

Mme Tagawa poursuivit :

— Vraiment ? Mais il est déjà venu dans ma cabine plusieurs fois et je ne sais que faire, je suis fort embarrassée.

Yôko fut stupéfaite d'une telle prétention. Mais se développa alors dans son cœur le premier germe de la jalousie. De retour dans sa cabine, elle jeta sa fourrure et se laissa tomber sur la chaise longue. Quand ses nerfs étaient surexcités, elle ne pouvait plus supporter l'odeur la plus légère. La couleur des vêtements l'offusquait. Son entourage prenait une physionomie odieuse et les nuages volant dans le ciel l'entraînaient dans un terrible vertige... Mais jamais elle n'avait connu, comme ce soir, un tel énervement. Il lui semblait que les extrémités de ses ramifications nerveuses bruissaient comme des branches agitées par la tempête. Elle étira ses jambes serrées l'une contre l'autre et mordit le bout de ses doigts. Des convulsions agitaient son corps des pieds à la tête. Avait-elle pris froid ? Avait-elle trop chaud ? D'un air égaré, elle chercha quelque chose dans cette chambre où régnait le désordre : son regard se fixa sur une carte de visite... Sankichi Kurachi... Elle la prit, la déchira en deux. Que pourrait-elle trouver qui offrît plus de résistance à ce besoin de lacérer ?... Alors elle s'aperçut qu'elle avait oublié de tirer le rideau du hublot. Troublée à la pensée que quelqu'un l'avait peut-être vue, elle se convainquit qu'elle avait été réellement observée. Il y avait une ombre derrière le rideau. Ce n'étaient pas les Tagawa, ils avaient réintégré leur cabine… Le commissaire, donc… Elle eut un geste de femme surprise. Elle saisit la fourrure à terre et, prenant un châle, sortit en toute hâte.

Comme si toutes les pièces en bois de sa carcasse s'entrechoquaient, des bruits lugubres s'échappaient du bateau, remplissant la nuit immense. La lampe de la boussole répandait sur la passerelle une lueur sinistre. Et partout le même amoncellement indistinct de vagues. Vomie par la cheminée, la fumée coupait d'une ligne plus sombre le ciel en deux parties … Voie lactée noire qui courait penchée sur la mer !

XII

Chaque fois que les vagues se brisaient contre le flanc du bateau, on pouvait entendre monter des profondeurs de l'Océan, ce bruit singulier ou plutôt cette voix : « Ohé ! Ohé ! Ohé ! Ohé ! » Comme des ailes immenses, tantôt proches, tantôt éloignées, le ciel couvrait l'étendue liquide, et là où il rencontrait l'eau, les vagues luttaient, grondaient… Ohé !... Ohé !... Ohé !... Ohé !...

Yôko allait, ballottée à gauche, à droite… Près de la passerelle, elle s'appuya contre la cloison, à l'abri du vent ; mais sur sa tête sifflait, dans les cordes du mât, le souffle glacial des hautes latitudes des îles Aléoutiennes. Yôko jouissait de ce froid qui se glissait entre sa poitrine et le kimono.

Des milliers d'étoiles se balançaient en suivant le tempo lent du bateau. La musique des cordages de la mâture accompagnait le cri étrange Ohé !... Ohé !... Ohé !... Ohé !... qui courait comme un trémolo, tandis que les vagues ténorisaient en se déchirant sur les flancs du navire.

Yôko entra dans une sorte de somnambulisme.

Les images de Mme Tagawa, du professeur et du commissaire dansaient devant ses yeux. Elle voulut les chasser : en vain ! La première s'éloigna, avec un pli d'ironie, sur la mer agitée... Yôko se rassura, mais des gens la fixaient avec ironie. « Pourquoi le commissaire et Mme Tagawa m'offensent-ils ? » Elle se fâcha, puis elle eut un geste de coquetterie pour accueillir l'homme. Devant ses yeux d'innombrables corps luisants dansèrent, comme lorsqu'on a regardé le soleil bien en face. Ohé !... Ohé !... Ohé !... Ohé !... Yôko se fâcha de nouveau et, à l'instant, tout disparut... Mais les visions revinrent. Marche trébuchante dans le monde caverneux des souvenirs, de labyrinthe en labyrinthe. D'innombrables visages...

Un homme flamboie. Qui est-il ? Il ressemble à Kimura. « Kimura est mon mari ! Mais ce vêtement rouge ? Pourquoi ? Pauvre Kimura ! Peut-être est-il venu de San Fransisco à Seattle pour m'accueillir. Il m'attend avec impatience. Cependant dès que je serai devenue sa femme, il changera d'attitude, je le sais bien. Ce qui est le plus détestable au monde, c'est l'homme... Kimura ou le commissaire... Tiens, je pense encore à lui ! Aussitôt arrivée en Amérique, je réfléchirai calmement sur ma manière de vivre... Kimura est homme de bon sens... Si j'avais de l'argent, je ferais venir ma fille. Ma foi, il sait très bien que j'ai une fille. Mais pourquoi donc porte-t-il un vêtement rouge ? »

Elle voulut mieux voir cet homme flamboyant

et fit des efforts pour ouvrir ses paupières épaisses. Devant elle, le commissaire était debout en manteau marron, avec une lanterne.

— Qu'avez-vous, Madame, pour être à cet endroit à une heure pareille ?... Cette nuit tout est étrange ! Oka, voici votre semblable !

En disant ces mots, le commissaire se retourna. Derrière lui se tenait, pâle et tremblant, le jeune noble qui s'était montré si ému à l'apparition de Yôko dans la salle à manger.

Depuis qu'elle entendait la voix du commissaire, les vagues à ses oreilles n'étaient plus du tout chantantes, mais tumultueuses, déchirantes. Sa conscience s'était troublée au point qu'elle ne parvenait plus à savoir si le monde sensible était le seul véritable : le monde musical de tout à l'heure n'était-il pas la vraie réalité ? Les sensations précédentes lui semblaient des événements réels, et la face cramoisie du commissaire lui faisait l'effet d'un tableau sinistre quoique étrangement séduisant.

— J'ai trop bu ce soir, lui expliqua-t-il. Mais je me suis débarrassé de tout le travail en retard. Et comme je ne pouvais pas dormir, je suis monté sur le pont pour me dégourdir les jambes et faisais une ronde, lorsque celui-ci…

Le commissaire se retourna de nouveau.

— Oka était en train de contempler la mer, appuyé au bastingage, par ce temps si froid ; je l'ai saisi et j'allais le ramener à sa cabine quand je vous trouve, Madame… Le monde ne manque pas de gens singuliers. Je ne sais quel plaisir l'on goûte à regarder la mer… Mais vous n'avez pas froid ? Votre châle est à terre.

Yôko pensa que la voix rauque de l'homme était en harmonie avec son caractère et cette réflexion la fit sortir de son rêve.

— Non, je n'ai pas froid.

Elle leva les yeux vers le commissaire, comme absente. Et lui, avec son habituel coup d'œil insolent, s'écria :

— Les jeunes gens nous donnent beaucoup de soucis ! Allons, rentrons maintenant.

En disant cela sur le ton du commandement, il rit aux éclats et fit presser Yôko.

« Les jeunes gens ! » Elle sentit de la dérision dans ces mots, mais, sans répliquer, ramassa le châle et obéit à l'homme. Elle ne put aller très loin, car ses jambes s'étaient raidies par le froid, comme attachées au pont. Trébuchant, elle murmura :

— Mon Dieu, aidez-moi un peu.

Le jeune homme fit un mouvement.

— C'est bien inconvenant de ma part de vous demander votre bras… C'est la première fois que je vous adresse la parole... voudriez-vous me soutenir, je ne sais pourquoi mes jambes sont ankylosées…

Elle adressa au jeune homme une grimace coquette. Il était fort troublé, mais bientôt, d'un air décidé, il s'approcha de Yôko sans prononcer un mot. Elle nota que son corps mince et svelte était tout tremblant. Le commissaire sans se retourner allait de l'avant en faisant craquer ses souliers. Appuyée sur l'épaule d'Oka, elle marchait lentement, mais c'était le torse grand et noir de l'autre qu'elle fixait. C'était l'odeur douce et enivrante du saké qu'elle respirait. Dans le roulement de ces robustes épaules, il y avait un rythme voluptueux. Yôko ressentit la soif ardente de l'être primitif qui touche au fruit défendu.

« Kimura ?... Non ! » Elle écarta comme des feuilles mortes les objections que sa raison opposait à l'élan de son désir. Elle s'appuya davantage contre l'épaule d'Oka. Son haleine s'exhalait comme une caresse tandis que le commissaire projetait la lueur de son falot dans les moindres coins... Elle murmura à l'oreille du jeune homme :

— Où allez-vous ?

Un peu haletante, sa voix n'était pas aussi claire qu'à l'ordinaire. Elle avait cette douce familiarité qu'on entend dans la bouche d'une femme qui se donne. Les épaules d'Oka tremblèrent davantage. Timidement il répondit :

— Et vous, Madame ?

— Moi je vais jusqu'à Chicago.

— Moi aussi, Madame.

— Allez-vous à l'université de Chicago ?

Oka eut une hésitation. Il marmonna :

— Oui, Madame.

Yôko sourit dans les ténèbres. Elle eut pitié de ce jeune niais. Son regard glissa vite vers le commissaire. « Mais ne fais-je pas moi-même pitié à celui-ci ? » Elle haït cet homme qui la dominait.

Dans sa cabine, Yôko faillit perdre connaissance. Ses yeux grands ouverts voyaient à peine. Elle se laissa tomber sur la couchette sans défaire ses cheveux, prit l'oreiller qu'elle enlaça, sanglotant, claquant des dents, ses lèvres esquissant un sourire sinistre. La lumière éclatante de l'ampoule éclaira jusqu'au matin ce corps endormi dans le désordre des vêtements.

XIII

Les voyages au long cours sont monotones. La mer et le ciel changent sans cesse, jour et nuit, mais les passagers, qui ne sont pas tous poètes, ne peuvent dissimuler leur lassitude. Pris dans un cercle étroit, on est toujours dans l'attente d'un événement. Yôko était devenue le point de mire et le sujet de conversation favori de tous les passagers. La petite société, rassemblée sur ce paquebot qui s'en allait vers l'est dans un brouillard épais et glacial, observait les faits et gestes de cette femme, jeune et coquette, dont le passé semblait mystérieux et sombre.

Après l'égarement de la nuit précédente, Yôko revint à sa véritable nature, moins hardie que l'eût laissé croire son apparente légèreté. Abandonnant les airs modestes et réservés sous lesquels elle s'était faite connaître lors de sa première apparition dans la salle à manger, elle se montra enjouée et familière, mais que d'impressions diverses et déroutantes elle donna souvent dans une même journée ! Tantôt on eût dit qu'elle était de complexion délicate, qu'elle avait été élevée dans du coton, tantôt on l'eût prise pour une femme d'esprit, de culture raffinée, tantôt encore on la regardait comme libérée de toutes les conventions sociales et portée aux aventures. Ces changements d'aspects finirent par ne plus étonner. On songea qu'elle avait au plus profond d'elle-même un secret que jamais elle ne révélerait.

Auprès de Yôko, sirène surgie de l'Océan, Mme Tagawa, qui, les premiers jours, avait inspiré de l'intérêt, ne fut plus guère l'objet de considérations, si ce n'est à cause de sa naissance, de sa situation et de son caractère autoritaire. Elle paraissait manquer d'âme. Avec son intuition féminine, Mme Tagawa pénétra ces sentiments. Le professeur lui-même se conduisait comme s'il ignorait tout à fait l'existence de sa femme.

Déclarer la guerre à sa rivale ? Elle préféra la traiter en égale. Yôko feignit de ne pas remarquer ce changement d'attitude, sachant bien que, par des concessions faites à une personne qui n'était pas de son rang, Mme Tagawa perdrait tout son prestige auprès des passagers. C'était raisonner juste. Yôko grandit aux dépens de l'autre. Alors l'épouse du professeur laissa éclater son hostilité en prenant des airs ironiques et froids.

Les passagers, avides d'imprévus, tournaient autour des deux femmes. Ils s'amusaient de les deviner secrètement ennemies... Mme Tagawa cherchait à lire dans le cœur de Yôko et crut enfin avoir trouvé le point faible. Polie, un peu dédaigneuse jusque-là, elle devint tout à fait familière avec le commissaire. Le professeur lui-même, pour complaire à sa femme, se mit à fréquenter la cabine de l'officier, et l'invitait le soir à venir dans la leur. Par devoir professionnel, le commissaire ne manquait jamais de répondre aux amabilités de ces honorables clients de la Compagnie. Et avec le médecin Kôroku, il s'efforçait de les distraire de l'ennui du voyage. Tard, on entendait souvent dans la coursive la voix rieuse de Mme Tagawa. Yôko, devant cette provocation, resta calme et sourit en elle-même. La conscience qu'elle avait de son avantage sur sa rivale lui donnait quelque générosité.

« Elle perd sa réputation en se trompant sur mes intentions. Qui peut sympathiser avec le commissaire ? Qui peut éprouver du plaisir avec cet être sans courtoisie, sans délicatesse, sauvage, inculte, barbare, qui semble avoir grandi comme un homme des bois ? Si j'étais sensible à un pareil charme, je n'aurais plus aucun mérite à me contenter de l'amour de Kimura ! Vrai ! Quelle bêtise de me supposer amoureuse du commissaire ! »

Un soir, étant montée sur le pont pour sa promenade quotidienne, elle aperçut Oka qui contemplait vaguement l'étendue. Elle s'approcha pour le surprendre et, d'un coup, se mit à son côté, tellement près que ses épaules touchaient celles du jeune homme. Troublé, il fit mine de s'en aller sans un regard. Yôko le saisit, le retint. Mais elle comprit la raison de cette tentative de fuite : le visage du jeune homme était mouillé de larmes. Pauvre jeune homme, petit, chétif, trop vite passé de l'enfance à l'âge adulte… Elle se sentait portée tendrement vers lui.

— Pourquoi avez-vous pleuré ?

Sa main sur l'épaule d'Oka, elle inclinait la tête comme une petite fille qui demande quelque chose à une grande amie.

— Moi… je n'ai pas pleuré.

Oka, les joues rougies, détournait la tête. Il lui parut tellement gentil qu'elle eût aimé le prendre dans ses bras.

— Si, si, vous avez pleuré, assurément.

Embarrassé, il contemplait la mer, mais comprenant qu'il n'était pas possible de dissimuler ses larmes, il prit son mouchoir, essuya ses yeux, et regarda pour la première fois Yôko en face, d'un air langoureux. Ses lèvres étaient rouges comme des fraises. Sensible à la couleur, elle remarqua que ce ton tranchait joliment sur la pâleur de la peau. Pressant la main posée sur la lisse :

— Voulez-vous essuyer vos larmes avec ceci ?

Elle lui offrait le mouchoir bariolé et parfumé qu'elle venait de sortir de sa manche.

— Non, j'en ai un.

— Voyons, pour quelle raison avez-vous pleuré ?... Mais que je suis indiscrète !

— Non, Madame… Mes larmes ont coulé, je ne sais pourquoi, je suis trop sensible, même aux choses insignifiantes. Ce n'est pas grave…

Yôko hocha la tête pour montrer sa sympathie. Elle comprit qu'il éprouvait du plaisir à être auprès d'elle.

— Voulez-vous venir dans ma cabine ? Nous causerons.

Elle fit quelques pas, laissant son mouchoir sur la lisse. Oka ne la suivit pas.

Après ce jour, ils se rencontrèrent souvent et s'entretinrent familièrement. Oka parlait parfois du commissaire à Yoko. Il lui disait que malgré son apparence bourrue, il était bienveillant et juste, et ne faisait aucune différence entre les passagers en fonction de leur âge ou de leur condition. Elle se moquait, lui avouant sa surprise de cette sympathie inattendue pour un homme qui n'avait rien de commun avec lui.

Lorsque les passagers se réunissaient dans le salon, après le dîner, ils se divisaient généralement en trois groupes. Autour du couple Tagawa, s'assemblaient quelques étrangers, les financiers, les diplomates et les hommes politiques. Il y avait le cercle des étudiants et des universitaires. Enfin, les enfants entouraient Yôko. Elle prenait dans ses bras les filles dont les cheveux étaient ornés de rubans rouges, les garçons en costumes marins, leur racontait des contes de fées. On remarquait encore trois ou quatre passagers, des familiers du commissaire, assis devant de petites coupes à whisky. Ils fumaient un tabac blond, à l'odeur exquise. Ils causaient bas et parfois ricanaient en écoutant la conversation du couple Tagawa. On appelait ce groupe l'« école des cyniques ». Oka détestait par instinct ces individus. Yôko aussi, surtout parce qu'elle se sentait observée d'eux sans sympathie.

Devant ces hommes ainsi rassemblés, Yôko se sentait pleinement en possession d'elle-même. Elle ne perdait son calme qu'à la vue du commissaire. Et bientôt même elle comprit que tout ce qu'elle faisait pour plaire aux enfants s'adressait à Kurachi. Quand il n'était pas là, elle n'avait aucun désir de les intéresser : ils bâillaient, montraient leur chagrin. Mais le commissaire ne prêtait nulle attention à Yôko. Elle le constatait avec amertume, surtout le soir quand, se promenant sur le pont, elle entendait son rire sans gêne dans la cabine des Tagawa.

Un après-midi, une bise glaciale se leva : les nuages couraient. La plupart des passagers, appréhendant un roulis plus accentué, s'étaient retirés dans leurs cabines. Le salon était vide. Yôko y amena Oka. Ils s'assirent si près que leurs genoux se touchèrent. Des cartes à jouer traînaient, elle les battit. Oka n'aimait pas le jeu, mais, heureux d'être auprès d'elle, il joua gaiement. Yôko prenait plaisir à voir les cartes entre les mains minces et soignées du jeune homme, et, tout en coupant et comptant, ils échangèrent quelques paroles :

— Un soir vous avez dit que vous alliez à Chicago, n'est-ce pas ?

— Oui, je l'ai dit… Est-ce que je peux couper avec ceci ?

— C'est une carte trop forte. N'avez-vous rien de plus petit ?... Vous allez donc entrer à l'université de Chicago ?

— Ça va avec ceci ?... Je ne suis pas encore bien décidé.

— Vous n'avez pas encore pris de décision ? Que c'est drôle ! Iriez-vous en Amérique sans savoir pourquoi ?

— Moi…

— Je prends avec ceci, vous comprenez ?... Moi ? Quoi ?

— Moi, Madame…

— Eh bien ?

Elle leva les yeux. Oka avait baissé les siens. Ecarlate, il se livra :

— Je devais aller à Boston… Là-bas, il y a un étudiant pauvre à qui ma famille envoie chaque mois des subsides. Il avait été entendu qu'il s'occuperait de moi. Mais…

Elle fixa Oka comme pour deviner son secret… D'une voix plus basse :

— Depuis que je vous ai vue, je désire aller aussi à Chicago…

C'est à peine si elle entendit ces mots… Quelle gentillesse ! Elle se pencha vers Oka. Il était fort sérieux. Son visage avait pâli.

— Si mon aveu vous déplaît, pardonnez-moi. Mais sachez que je ne veux qu'une chose, être là où vous serez… Je ne sais pourquoi…

Dans les yeux de cet enfant, des larmes montaient. Elle allait prendre sa main, lorsque le commissaire fit irruption dans le salon. D'un ton brusque et sans même regarder la passagère, il invita Oka à la promenade. Celui-ci le suivit docilement. Furieuse, Yôko se leva, comme pour interpeller le malotru. Mais à l'instant une autre idée traversa son esprit : « Cet homme doit avoir entendu notre entretien… » Sur sa bouche sévère un sourire puéril apparut comme celui d'un bébé à qui sa mère montre le sein.

XIV

A mesure que le paquebot s'approchait des côtes américaines, il inclinait sa route vers le sud, aussi la température s'adoucissait-elle. L'air automnal était devenu, surtout aux heures matinales, d'une exquise fraîcheur.

Yôko, par hasard, s'était levée tôt. Vite, elle avait quitté sa cabine surchauffée pour respirer sur le pont cet air vivifiant. Allant et venant de bâbord à tribord, elle aperçut tout à coup la terre qui, tout là-bas, surgissait à peine de la surface de la mer. Il y a des choses auxquelles on ne pense plus ! Excitée par cette apparition, elle se mit à marcher plus vite, puis, s'approchant de la lisse, chercha à mieux voir. C'était la chaîne de montagnes peu élevée de l'île de Vancouver. Les pins couvraient le sol jusqu'à la côte, une côte que mordaient les vagues blanches. La couleur de la haute mer, d'un éclat qui faisait frissonner, se dégradait en légères touches vertes jusque vers le littoral où clapotaient en tous sens de petites vagues. Et, sous le ciel couvert, la verdure foncée d'une forêt s'étendait tristement par-delà le rivage. Malgré la marche rapide du bateau, ce paysage solitaire, situé encore à une grande distance, se déroulait toujours semblable. Seul changeait le jeu de la lumière et de l'ombre sur les montagnes, chaque fois qu'un faible rayon de soleil perçait à travers les nuages floconneux. Accoutumée au spectacle de la pleine mer, Yôko, à la vue de la terre, éprouva une impression désagréable. « Dans trois jours le paquebot arrivera à Seattle... A l'extrémité de ce rivage, il y a ce port... Je vois çà et là des maisonnettes. Plus nous nous dirigeons vers l'est, plus ces maisonnettes deviennent nombreuses et il y aura bientôt une ville, et cette ville sera Seattle ! Quand l'*Enoshima-Maru* reposera son corps fatigué contre le quai où s'agiteront, comme des bêtes fauves, des dockers de toutes nationalités, Kimura, avec sa vivacité habituelle, escaladera l'échelle du paquebot et s'approchera avec une allure tout à fait américanisée... » Cette vision était tellement précise qu'elle semblait réelle. « Oh ! non, non, je ne veux pas me marier avec Kimura, jamais. Je voudrais plutôt rentrer tout de suite à Tôkyô... » Et elle avait une mine d'enfant gâtée.

Le maître d'équipage, suivi d'un boy, venait vers elle. Il la salua d'un « Bonjour, Madame » et son attitude était humble comme s'il était devant un supérieur.

— Vous devez être bien fatiguée de ce long voyage, mais enfin, dans trois jours, nous serons au port. Grâce à vous, le vieux marin va mieux, surtout depuis hier soir.

Yôko était aimée du personnel. Le huitième jour du voyage, un matelot âgé avait eu la jambe prise dans une chaîne d'ancre. Du pont-promenade, elle s'était élancée vers le blessé. Elle l'avait accompagné jusqu'au poste d'équipage. D'autres passagers l'avaient suivie par curiosité, mais ils hésitaient à entrer dans le dortoir des matelots, considéré comme un lieu plus dangereux même que la chambre des machines. Yôko, toute aux soins du vieillard gémissant, y descendit de peur qu'il ne fût rudoyé, pensant aussi qu'il n'avait aucun parent pour le soigner, le consoler. Un air fétide emplissait le réduit. Dans les ténèbres on entendait des voix rauques et fortes. Les yeux de ces hommes, habitués à l'obscurité, avaient vite aperçu la silhouette de Yôko. Une étrange effervescence était alors née dans cette profondeur du navire. Des outrages, des sarcasmes furent proférés à l'adresse de la jeune passagère. Un grand matelot, en pantalon large, la poitrine nue et velue, se leva brusquement et, mettant les mains sur Yôko, la fixa insolemment en prononçant quelques vilenies pour faire rire ses camarades. Cependant, sans s'émouvoir, elle arrangea un matelas, un oreiller et demeura auprès du blessé. L'idée de l'abandonner en un pareil lieu lui faisait monter des larmes aux yeux. Quand le médecin, Kôroku, descendit, elle remonta au jour sur ses instances les plus pressantes, non sans avoir auparavant donné quelques conseils avec autorité. Ses traits trahissaient un contentement intérieur. Nulle autre parole méchante ne la poursuivit et depuis ce jour-là les matelots l'appelèrent « sœur ».

Yôko questionna le maître d'équipage sur le blessé. Il ne souffrait plus, mais il resterait infirme. C'était une consolation d'apprendre que la douleur ne faisait plus gémir le vieillard ! Elle regarda vers la terre, attentive aux pulsations de la machine et au battement des vagues contre le navire tout au-dessous d'elle.

Ses réflexions se concentraient sur cette terre, quand du coin de l'œil elle aperçut Oka qui venait, un manteau jeté sur une robe de chambre en soie magnifique. Chaque fois qu'elle était seule, que ce soit le jour ou la nuit, le jeune homme ne manquait jamais de se manifester. Elle se retourna, le gratifiant d'un sourire qui avait toute la fraîcheur du matin.

— L'air est encore froid, Madame.

Il s'approchait, gauche comme une jeune fille peu habituée au monde. Souriante, sans un mot, Yôko prit sa main, puis parla de choses insignifiantes, familièrement, à voix basse. Tout à coup, Oka, comme s'il se rappelait une affaire grave, s'écarta :

— Ah ! Le commissaire a dit qu'il avait quelque chose à vous demander aujourd'hui.

— Vraiment ?

Elle s'apercevait du trouble involontaire de sa voix.

— Quelle chose ?

— Je n'en sais rien. Parlez-en lui. Malgré ses airs, il est très gentil, vous verrez...

— Vous vous trompez sur son compte, je déteste cet homme sauvage et fier... Cependant s'il désire me voir, je veux bien. Voulez-vous lui dire qu'il vienne ici ?

— Il dort encore.

— Qu'importe ! Vous n'avez qu'à le réveiller.

Oka s'éloigna prestement, heureux de rapprocher deux amis. Elle le suivit des yeux. Un afflux de sang monta à sa tête. Elle éprouva un grand trouble, et fut aussitôt mécontente d'elle-même.

Les nuages gris de l'aurore étaient devenus légers et jolis comme de délicates broderies : ils se brisaient çà et là, et un ciel bleu, lavé, luisait à travers ces fentes. La mer s'était couverte de mille nuances et les îles, tout à l'heure monotones, souriaient. De la gaieté naissait dans le cœur de Yôko. « La bataille décisive ! »

Quelque chose au fond de son cœur se tendit. Elle avait tout à fait oublié Kimura. A l'idée du mariage projeté s'était substituée l'appel de l'aventure. Un appel puissant, étrange, se faisait entendre d'une région inconnue, et, malgré ses appréhensions, elle y répondait. Jusqu'ici elle avait toujours eu les sens en éveil, soucieuse d'attirer les autres vers elle, sans se laisser attirer par eux. Mais maintenant ses dispositions étaient changées. Elle voulait, débarrassée de ce souci de séduction, abandonner son cœur et son corps au désir d'un autre, et cette idée de s'offrir mettait Yôko dans un état d'extase. Avec une impatience fiévreuse, elle attendait le retour d'Oka.

— Rien à faire ! Il reste dans son lit, il n'a même pas ouvert la porte.

Oka avait un air gêné.

— C'est vous qui dites qu'il n'y a rien à faire. Bien ! J'irai moi-même.

Aux yeux de Yôko, Oka n'existait déjà plus. Elle s'élança vers l'escalier, poursuivit à tâtons dans le couloir sombre qui conduisait à la cabine du commissaire, face à la descente des chaudières. La trépidation des machines et l'odeur tiède de la vapeur l'indisposèrent. Elle ouvrit la porte, sans frapper et sans bruit, surprise qu'elle ne fût pas fermée à clef, Oka ayant dit : « Il n'a même pas ouvert la porte. » Poussée par la crainte d'être vue, elle entra précipitamment et ferma derrière elle.

Trop tard pour reculer ! Le commissaire, comme mal réveillé, regardait fixement Yôko. Son grand corps était largement étendu sur la couchette, visage gras, yeux gonflés… En présence de cet homme dédaigneux au point de ne pas laisser échapper un mot, de cet homme qui, par son attitude, montrait si bien qu'il avait pénétré son cœur, Yôko demeura muette. Malgré ses efforts pour garder son sang-froid, elle ne pouvait empêcher ses lèvres de dessiner un sourire, image du trouble qui la gagnait. Le commissaire, fort calme, comme s'il avait su d'avance que Yôko viendrait ce matin dans sa cabine, dit sans les salutations ordinaires :

— Asseyez-vous donc. On est pas mal ici...

L'expression s'était faite plus familière que d'habitude et il montra à Yôko une place sur la chaise longue. Mais, restant debout, Yôko lui demanda d'une voix hostile :

— J'ai entendu dire que vous aviez quelque chose à me demander…

Elle regretta aussitôt d'avoir parlé d'un ton qui trahissait l'état de son cœur. Le commissaire répondit, avec flegme :

— Je vous le dirai dans un moment… Asseyez-vous, s'il vous plaît.

Avec un pareil homme, il n'y avait qu'à céder. Car, derrière ses paroles, on entendait bien : « Que tu le veuilles ou non, tu te mettras tôt ou tard sur cette chaise longue. »

Elle s'approcha résolument et s'assit à ses côtés. Cette simple action réveilla son instinct de domination. Elle regarda l'homme de biais, lui adressa un sourire qui ne reflétait plus l'émoi de tout à l'heure. Une force remonta de la profondeur de son être, et avec une expression naturelle et confiante, elle lui demanda :

— De quelle affaire avez-vous à m'entretenir ?

— Voilà ! Aujourd'hui nous arrivons à l'escale de quarantaine et l'officier de santé de l'endroit…

Le commissaire fit avec le pouce et l'index le geste de verser de l'argent. Elle ne comprenait pas très bien, il poursuivit :

— Il faut lui graisser la patte, lui offrir à boire et il faut qu'il gagne au poker… Et quand il y a à bord de jolies passagères, il faut les lui faire admirer…

En faisant des grimaces significatives, Kurachi prit une pipe rustique près de l'oreiller, bourra un reste de tabac qu'il alluma.

— Chaque fois que cet officier de santé monte sur un bateau, c'est la même histoire !

« Il joue toujours des mauvais tours. Vous trouvez que c'est un monstre ? Non ! C'est un médecin jeune et très chic. Vous serez de mon avis dès que vous le verrez. Moi aussi, si j'étais obligé de demeurer en un endroit si désagréable, je deviendrais comme lui…

Il mit sa pipe sur ses genoux et, se tournant vers Yôko, la regarda bien en face. Elle affectait l'indifférence, considérant les photographies qui décoraient la table et chassant la fumée du tabac en agitant délicatement la main. Il prit sur une petite étagère une boîte à cigarettes, l'ouvrit et la lui tendit.

— Qui est-ce ?

Elle fixait une des photographies.

— Qui ?

— Là.

— Laquelle de ces photos ?

Il suivit la direction des yeux de Yôko.

— Ah ! Celle-là ? Oui… C'est ma famille, ma femme et mes enfants.

Il éclata de rire, tout en jetant un regard aigu sur sa visiteuse.

— Vrai ? Que c'est gentil à vous de décorer votre table avec la photographie de votre femme.

Elle se leva et se dirigea vers le cadre. Elle l'examina comme poussée par la curiosité, mais un sentiment hostile s'était levé dans son cœur. Il était difficile de discerner si la femme de Kurachi avait été autrefois une geisha, ou bien si elle se donnait cet air pour plaire à son mari. Elle dégageait en tout cas, avec ses trois filles sur ses genoux ou à ses côtés, un grand air de coquetterie. Yôko prit la photographie. Un silence gênant plana.

— Yôko !...

Le commissaire l'appelait pour la première fois par son petit nom. A peine avait-elle entendu cette voix tremblante, basse et lourde, qu'elle était enlacée par les bras robustes de Kurachi, avec une telle force, que serrée sur cette poitrine, elle ne pouvait plus bouger. Elle avait eu l'intuition que cet assaut de bête fauve aurait lieu un matin proche de l'arrivée, et elle l'avait attendu avec une sorte de curiosité à la fois intellectuelle et physique. Cependant elle n'avait pas imaginé qu'il se livrerait à une telle attaque sans préliminaires... Aussi, animée par l'instinct de défense commun à toutes les femmes, elle jeta sur Kurachi un regard furieux qui eût arrêté bien des hommes. Les deux visages se touchaient, elle sentait la respiration du mâle dont rien ne pouvait briser l'élan. Ce faciès était celui de l'homme au réveil, chaud encore de la tiédeur du sommeil. Elle se souvint que ce qui tente toutes les femmes est la force qui se dégage de la physionomie masculine, une fois l'énergie vitale recouvrée dans le repos de la nuit. Tout en écrasant Kurachi de la même expression de dédain, elle ne pouvait s'empêcher, à la vue de cette figure ardente, de s'abandonner. Elle respirait le souffle qui la couvrait. Une flamme de volupté pénétra ses veines. Elle commença à trembler d'une excitation qui gagnait tout son être[1].

---

1. L'auteur a noté ici qu'il avait été obligé, à la demande du ministère de l'Intérieur qui exerce une censure, de supprimer quelques lignes jugées offensantes pour la morale et les bonnes mœurs.

XV

Quand l'étreinte se desserra, elle ouvrit les yeux. Kurachi essayait de fermer la porte à clef, la serrure ne fonctionnait pas. Il revint en jurant. Une tristesse, plus déchirante encore que toutes celles qu'elle avait connues jusque-là, envahit le cœur de Yôko. Une tristesse si vaste qu'elle ne vit plus son amant. Elle cacha son visage, sanglota convulsivement, tandis que Kurachi se tenait debout, troublé, hésitant, devant ce désespoir. Elle se disait : « S'il voulait me tuer, je le laisserais faire, car, morte, ma haine survivrait. J'ai remporté la victoire, j'ai réellement remporté la victoire ! Pourquoi ne me tue-t-il pas ? Je voudrais jouir éternellement de cette tristesse exquise, je le voudrais tout de suite… »

Dans un enivrement confus et singulier, elle se rendit en trébuchant dans sa cabine. L'âme et le corps épuisés, elle s'écroula sur le sofa. Son visage aux yeux cernés avait une couleur de plomb, ses pupilles ne reflétaient plus la lumière. Ses dents, entre les lèvres légèrement ouvertes, avaient perdu tout éclat. Une beauté sinistre se répandait sur ses traits.

Comme le malade trahit par une grimace la douleur qui l'assaille, puis, sous l'effet du remède, redevient calme, Yôko manifestait ainsi le désarroi de son cœur, avant de replonger dans sa torpeur. Sa tête lourde de fièvre lui semblait pleine d'une fumée jaune où étincelaient des points rouges et bleus qui piquaient ses nerfs. Le souvenir de l'étreinte, dans la cabine du commissaire, mêlé aux mille souvenirs du passé, tourbillonnait. De ses lèvres un souffle léger et régulier s'échappait. Elle se laissa gagner par le sommeil.

Brusque réveil ! Combien de temps avait-elle dormi ? La cabine était si lumineuse qu'elle ne pouvait plus rien voir. Sans doute était-il midi… Un cri strident ! Cette vibration provenait-elle du bateau ou de son corps ? Elle comprit que c'était la sirène qu'elle n'avait pas entendue depuis le départ de Yokohama. Le paquebot arrivait à l'escale de quarantaine. Elle rajusta son kimono et, à genoux sur le sofa, regarda par le hublot. Le ciel était clair et serein, d'un bleu vif. La côte rocheuse, décorée de pins, se dressait tout près et, sur la baie parcourue de rides, l'*Enoshima-Maru* avançait lentement, au rythme de ses machines.

Après un long et pénible voyage on trouvait ici la tranquillité qui faisait penser à un lieu de retraite. Au fond de la baie, on apercevait une petite maison aux murs blanchis. Un pavillon anglais flottait dans l'azur, agité par une brise légère.

Yôko reprit la conscience de son environnement. Elle retira son visage du hublot et retomba sur le sofa, ayant fort à faire pour mettre de l'ordre dans ses idées. Les mains sur les tempes, les yeux levés vers le miroir, elle pensait qu'elle était arrivée au bord du précipice et qu'elle allait s'y jeter, entraînée par son destin.

« Ma famille m'a mise sur le chemin qui m'a conduite jusqu'ici, je m'y suis engagée avec l'idée d'épouser Kimura... avec l'idée aussi d'entrer dans la société américaine afin de pouvoir être ce que je suis réellement. Avec la curiosité de voir quelle place je pourrais me faire en Amérique où la femme est plus considérée qu'au Japon !... Je suis née à une époque qui n'était pas la mienne, dans un pays où je n'aurais pas dû naître. Ah ! en un autre lieu du monde, à un autre moment du temps, j'aurais été reine ! Je voudrais découvrir ce lieu, j'étonnerais bien ces femmes qui d'abord sympathisèrent avec moi, puis me trahirent, satisfaites de leur condition où qu'elles se trouvent. Je voudrais tout tenter pour réussir tant que je suis jeune ! Kimura n'est pas un homme capable de m'aider dans cette recherche, mais il n'est pas incapable de me suivre... »

Son âme avait d'abord été travaillée par cette inquiétude que toutes les femmes japonaises connurent dans les débuts de la guerre avec la Chine. Mais Yôko fut alors la première à s'insurger contre la société et à enseigner la révolte à ses pareilles – sans bien savoir d'ailleurs ce qu'elle voulait. Tout l'importunait, la mécontentait, la froissait, et jamais d'accalmie ! Elle s'habitua à agir en toute circonstance à sa guise, convaincue qu'elle avait un premier avantage, la beauté, avantage qui faisait aussi sa faiblesse. Pour cette Yôko qui avait participé au réveil de son époque, l'ennemi le plus redoutable était l'homme... Combien de fois serait-elle tombé à cause de lui ! Et personne dans le monde qui l'eût aidée à se relever. Elle déclarait à la société : « Vous pensez que je me trompe, convainquez-moi de la supériorité de vos principes... L'homme qui réduit la femme à l'esclavage n'est plus pur comme Adam ! Tant que la femme est docile, l'homme paraît la respecter, mais dès qu'elle veut se conduire suivant sa propre conscience, il redevient un féroce tyran ! D'ailleurs la femme elle-même justifie, au nom de la morale, l'attitude de son compagnon... »

Déjà, à l'école des jeunes filles, elle avait fait des expériences suffisamment concluantes, et lorsqu'elle avait aimé Kibe, à l'âge de dix-huit ans, elle n'avait plus un cœur innocent. Son amour était devenu de plus en plus ardent à mesure que la résistance de sa famille, de la société avait grandi. Il s'était flétri dès que cette opposition avait cessé, et Yôko avait examiné l'objet de sa passion avec des yeux de critique impartial. La réalité la déçut et, surtout, lui fut insupportable l'idée qu'elle devait rester liée éternellement avec ce Kibe qui lui était apparu courageux et fort, mais qui avait si peu répondu à ce qu'elle avait imaginé. Tout ce qu'elle osa par la suite lui enseigna la malfaisance du joug de l'homme. Cependant, par une ironie de la nature, elle ne pouvait se passer de lui. Comme un être qui abuse de la morphine en n'ignorant rien de la nocivité de cette drogue, Yôko trouvait la joie de vivre dans l'homme, agent destructeur de sa liberté, de sa vie même !

Autour de ses admirateurs qui la suivaient avec un rictus de volupté, qui ouvraient leurs narines à l'odeur que répandait sa chair, comme l'araignée, elle tendait des toiles avec un sourire froid. Tous s'y prirent… A ce jeu, son cœur devint cruel. Et par une sorte de nécessité vitale, elle reconstituait chaque jour son piège. Elle ignorait ceux qui, ne ménageant pas leurs reproches, s'en tenaient éloignés, et dédaignait tout ce qui ne concernait pas sa propre vie, comme elle ignorait l'existence de la pierre du chemin, de l'arbre de la forêt. Elle ne pouvait concevoir que la vie eût un autre objet que de satisfaire ses désirs. Rien de plus malveillant que cette société qui s'oppose à leur satisfaction ! Et à ses yeux, ce groupe d'individus nommés « famille » n'était qu'un ramassis de mendiants. Le père ? Un homme sans autorité, sans influence réelle. La mère ? Yôko comprenait mieux la grandeur du rôle maternel, mais il était si mal tenu qu'à ce seul mot de mère, elle sentait naître en elle de l'hostilité. La sienne l'avait coulée dans un moule moderne, puis elle s'était acharnée à refréner les conséquences de cette éducation, comme une sorcière conjure les forces magiques qu'elle a déchaînées. Mais c'est elle néanmoins qui l'avait le mieux comprise…

Quand Yôko l'avait perdue, elle avait connu toute la réalité de la solitude. N'était-ce pas pour en sortir qu'avec la saveur amère du désespoir elle avait poursuivi le plaisir, comme, volant d'arbre en arbre, un oiseau cherche un fruit. « Je ne suis pas une épave sur une côte déserte, pourtant je suis plus solitaire encore ! Je ne suis pas une feuille morte, abandonnée au vent, pourtant je me sens plus seule encore ! N'y a-t-il pas d'autre vie ? Où se trouve celui qui me donnera la vie véritable ? »

Elle avait rendu visite au missionnaire Uchida, mais en quittant sa demeure, elle avait ressenti un vide plus profond encore. Et elle était retournée chercher quelque consolation dans la volupté. Mais chaque fois, l'homme lui avait découvert l'indigence de sa nature, et elle s'était détourné avec dégoût de ses captures. Mille fois elle comprit que le butin de telles aventures est toujours médiocre. Et cette expérience renouvelée la conduisit à accepter Kimura pour époux. Quelquefois elle pensait qu'avec un peu de bonne volonté, elle pourrait vivre avec lui toute la vie, mais cet effort sur elle-même parviendrait-il vraiment à guérir l'inquiétude de son cœur ? Quand elle imaginait sa vie en Amérique, Kimura lui apparaissait comme un obstacle, un tiers gênant dans son élan vers l'idéal. Elle avait toujours ses hésitations de petite fille : devait-elle ranger la poupée cassée dans sa boîte ou bien en jeter les morceaux ? Depuis qu'elle était sur le pont de ce bateau, elle avait, pour la première fois, éprouvé fortement l'ascendant d'un homme – un sauvage ! « Kurachi n'est pas né pour être commissaire sur un paquebot. Il est enfermé comme moi dans une fausse situation. »

Tantôt elle avait pitié de cet homme, tantôt elle en avait peur. Avec lui, elle se conduisait contrairement à tous ses principes. Elle se sentait prête à obéir sans conditions. « Si j'étais battue et rebattue par cet homme, ma vie pour la première fois se mettrait à flamber ! »

Ce qui avait blessé profondément l'amour-propre de Yôko, c'était l'attitude indifférente du commissaire. Ce qu'elle disait ou faisait, et qui attirait l'attention des autres, il n'y prêtait aucune attention. Elle le haïssait tous les jours un peu plus, malgré elle. Où l'eût conduite cette haine sans ce dénouement amoureux dans la cabine de Kurachi ?

Tout, depuis lors, avait changé d'aspect. Kimura, sa fille, ses sœurs, l'inconnu américain… toutes les raisons qu'elle avait de s'inquiéter étaient anéanties.

« Si je garde Kurachi, je ferai n'importe quoi. Je trouverai à toutes les servitudes le goût du miel. Je le posséderai pour moi seule ! »

La tête entre ses mains, elle se leva, souriante. Elle goûtait, avec une sensation de vertige, un sentiment qui était comme une coupure entre le passé et l'avenir.

Alors le commissaire entra, frappant à peine, et très calme :

— Bientôt la santé sera à bord. Je vous demande de faire comme je vous l'ai dit. Vous pouvez jouer un grand rôle ! Ah ! La femme peut s'estimer heureuse de posséder un pareil pouvoir ! Je vous demande de nous prêter tout votre concours !...

— Oui !... Oui...

Et elle mettait toute son amabilité dans ce « oui, oui ». Kurachi parti, elle dansa comme une enfant, en s'envoyant un sourire chaque fois qu'elle passait devant le miroir.

XVI

La tactique du commissaire réussit à merveille ! Le jeune médecin chef de l'escale confia tous les soins de l'inspection sanitaire à un vieux subalterne irresponsable et joua aux cartes avec le capitaine, Kurachi et Yôko. La quarantaine, qui d'ordinaire prend beaucoup de temps et soulève de nombreuses plaintes, fut abrégée. Le médecin chef, avec la gaieté d'un noceur, quitta l'*Enoshima-Maru*, dont les machines tournaient toujours au ralenti, deux heures à peine après son arrivée. Il sauta dans son canot suivi de ses deux adjoints. Debout, à côté du gouvernail du canot, il échangeait encore des plaisanteries avec le capitaine qui, appuyé contre la lisse de la passerelle, se penchait par-dessus en même temps que Yôko. Le commissaire, de son côté, avait accompagné la santé jusqu'au bas de l'échelle. Après avoir laissé un pourboire au matelot de la chaloupe, il fit signe au capitaine puis remonta paisiblement.

Les yeux du jeune médecin chef ne quittaient pas Yôko, vêtue ce jour-là d'un beau kimono aux couleurs éclatantes. Elle répondait à ces œillades de son air le plus coquet. La sirène retentit, l'hélice fit tourbillonner l'eau écumante et le canot fut violemment remué. Pour le dernier adieu, le jeune officier de santé ôta son chapeau et l'agita tout en continuant de crier quelque chose. Yôko ne put entendre à cause du bruit de l'eau et des machines, mais, souriante, elle hochait la tête en signe d'assentiment. Par caprice, elle jeta dans la chaloupe une fleur piquée à ses cheveux. Il s'en empara d'un air ardent, tout en maniant le gouvernail. Fascinés par la scène, les passagers, sur le pont, poussaient des clameurs et battaient des mains. Quelques Européennes cependant regardaient tout cela d'un air scandalisé. Le médecin chef, dans le tourbillon écumeux laissé par le paquebot, s'efforçait de conserver son équilibre, répondant aux acclamations qui n'en finissaient plus. On lui lançait bien aussi quelques brocards qu'entendait, confus, le capitaine chenu de l'*Enoshima-Maru*. Ce dernier rougit davantage encore en remarquant que sa jolie voisine restait complètement insensible aux réprobations de quelques honorables passagers.

Tout était intéressant pour Yôko. Le plaisir de la vie commençait à chatouiller son corps ; un sourire illuminait ses lèvres. Elle eût voulu crier sa joie à tous : « Voyez, je suis ressuscitée ce matin ! » Elle avait plaisir à se remémorer la scène de la cabine. Où était passé Kurachi ? Elle l'aperçut en train de causer gravement avec les Tagawa, quelques pas plus loin. Soulevée par son bonheur, elle désirait adresser à tout le monde des amabilités et être accueillie avec bienveillance. Elle avançait vers le groupe, lorsque le commissaire, se retournant, lui fit signe de ne pas approcher. Yôko remarqua l'expression clairement hostile de Mme Tagawa. « Elle se mêle encore de ce qui ne la regarde pas ! » Elle continua d'avancer, malgré les signes de Kurachi lui signifiant énergiquement de se tenir à distance. Arrivée près d'eux, elle les salua d'un sourire coquet, en arrangeant ses cheveux. Le professeur la regarda avec sympathie.

— Vous vous conduisez bien librement, Madame ! lui lança son épouse.

Cette parole froide, tremblante avait été jetée comme un défi. Le professeur paraissait chercher comment amortir le choc. Mais Yôko comprit tout de suite que Mme Tagawa avait deviné la nature de ses relations avec Kurachi. Cette dame n'aurait certainement pas parlé de cette façon pour critiquer seulement la petite comédie qui s'était jouée dans la cabine du capitaine. Yôko, le cou incliné, prit un air innocent et feignit de ne rien comprendre au blâme exprimé par l'honorable passagère.

— J'ai été chargée de prendre soin de Mme Yôko pendant le voyage.

Les premiers mots furent dits posément, les suivants de manière plus saccadée, et la phrase s'acheva en un halètement de colère. Mme Tagawa et sa rivale luttèrent du regard. Yôko vainquit. Kurachi fit face à l'épouse du professeur. Il avait la mine d'un ours embarrassé et son air trop sérieux était comique :

— Vous avez raison, Madame… Mais je suis commissaire sur ce bateau, je me sens responsable du bien-être de mes passagers et je pense n'avoir rien fait qui puisse leur porter préjudice.

Il sourit, comme s'il eût avoué quelque chose, puis il reprit :

— Ce n'est pas une affaire qui vaille la peine d'être critiquée !... J'ai seulement demandé à Mme Yôko Satsuki de se montrer aimable envers le médecin, et c'est grâce à elle que le temps de quarantaine a été écourté d'au moins deux heures. En général on perd toujours quatre heures pour cela.

Mme Tagawa, de plus en plus agitée, voulait parler.

— Mais, Madame, et vous aussi, Monsieur le Professeur, nous serons mieux ailleurs pour discuter de tout cela, les autres passagers nous écoutent. Bien que ma cabine soit étroite, nous y serons plus à notre aise qu'ici et nous y prendrons le thé. Madame Satsuki, vous viendrez aussi ?

Et derrière le dos des Tagawa, il fit une grimace de gamin.

Une odeur douce de whisky et de cigare flatta les narines de Yôko ; une flamme de volupté s'éleva aussitôt en elle. Kurachi rattrapa le couple et le pria encore d'accepter le thé. Le professeur affectait l'attitude d'un homme de bonne compagnie, semblait avoir pitié des enfantillages de sa femme. Trouvant un prétexte, il s'excusa et s'en alla.

— Vous viendrez dans un instant ?

Le commissaire fit signe à Yôko. Elle le suivit gaiement, sautillant comme une petite fille, et le long de l'escalier sombre, elle se serrait presque contre lui. Dans la cabine, elle contempla avec une familiarité mêlée d'effroi cet homme diabolique. Il poussa un soupir de soulagement, jeta négligemment son carnet sur la table puis, penché contre la porte entrouverte, il appela le boy. En voyant la tête de son amie, il s'écria avec un grand rire :

— Comment ?

Interrogation vague qu'il prononça en écartant les jambes et en penchant la tête comiquement. Le boy apparut.

— Champagne... une bouteille de champagne, il en reste encore deux ou trois dans la cabine du capitaine que j'avais faites venir du bar. Trois Croix ! [1] Pourquoi ris-tu ?

Le boy avait un rictus réellement significatif.

Devant Kurachi, calme comme si rien ne s'était passé entre eux, alors qu'elle était, elle, toute à son amour, elle ne put résister à un mouvement de dépit. Puis elle sentit qu'elle haïssait non seulement Mme Tagawa, mais également deux jeunes femmes de troisième classe, en plus d'Oka, qui admirait Kurachi, et de cette femme dont elle voyait la photographie sur le guéridon.

1. « Trois Croix », expression militaire signifiant : « En vitesse ! »

« Ne suis-je pas le jouet de cette bête voluptueuse qui porte le masque d'un homme ? Ne me traite-t-il pas comme une de ces innombrables femmes, faibles et faciles ? Comment peut-il être aussi calme après cet inoubliable matin ? »

Elle avait jusque-là poursuivi quelque chose d'indéfinissable. Ce « quelque chose » était à sa portée, mais elle ne pouvait s'en emparer, elle tâtonnait, obéissant à l'attraction d'une force dont elle ne pouvait pénétrer le mystère, et cette impuissance même expliquait son énervement. « Je me suis conduite de manière à exciter la passion de cet homme, et le voilà tout à fait indifférent. J'ai commis une maladresse. Sortir de cette cabine dans l'état où je suis est aussi dur que d'affronter la mort !... A moins que je ne triomphe du cœur de Kurachi… »

Perdue dans les affres de son cœur, elle se méprisa. Le plaisir, qui sautillait en elle comme un petit diable, disparut. Le commissaire s'assit de la façon la plus ordinaire qui soit. Yôko songea que cet homme était capable de commettre les pires forfaits avec la sérénité et toutes les apparences de l'innocence.

— Le professeur Tagawa est un imbécile, et Mme Tagawa une idiote intelligente, Ho !... Ho !...

Il riait bruyamment, se tapant les cuisses. Cette méchanceté, au lieu de l'amuser, la fâcha : sa bouche tremblait, ses yeux se remplissaient de larmes. Il alluma paisiblement son cigare. Elle mordit sa lèvre inférieure.

Le boy entra avec une bouteille de champagne et deux coupes. Après les avoir mises sur la table, il jeta un coup d'œil sur Yôko avec le même sourire goguenard que précédemment. Elle le regarda sévèrement. Le boy se courba et reprit une attitude d'humble serviteur. Kurachi versa le champagne, les yeux grimaçant à cause de la fumée du cigare qui lui emplissait la bouche. Il offrit une coupe à Yôko, lui tendant le plateau. Elle la prit sans un mot. L'idée que l'heure de sa destruction était proche l'angoissait. Pour cacher son trouble, elle leva le bras, arrangea ses cheveux, puis elle trinqua avec son hôte. A cet instant, elle perdit tout contrôle d'elle-même. Pendant que le commissaire buvait, Yôko posa sa coupe sans y avoir touché et s'écria :

— Comment pouvez-vous rester aussi tranquille ?... Je sais, oh ! je sais bien... Vous êtes vraiment un homme terrible... Vous pensez peut-être que je ne sais rien... Non, je ne sais rien réellement...

Que signifiaient ces paroles ? Une jalousie irrésistible montait en elle.

Elle était troublée par cette crainte qu'il pouvait l'abandonner, crainte plus terrible que si elle eût appréhendé la mort. « Si Kurachi me quitte, je le tuerai. » Maîtrisant avec peine son envie d'attaquer cet homme, elle s'assit sur le sofa. Son visage demeurait baigné de mélancolie et la toilette somptueuse qu'elle avait mise exceptionnellement ce jour-là ajoutait, par contraste, à sa tristesse. Elle crispait ses doigts, ses ongles s'enfonçaient dans sa chair. Réprimant avec peine son besoin de tout casser, elle avalait difficilement sa salive.

Le commissaire la regardait des pieds à la tête, avec l'étonnement d'un enfant :

— Qu'avez-vous ?

Il posa son cigare.

— Que faites-vous ?

Yôko répondit aussi placidement qu'elle put :

— Je ne fais rien.

Elle s'élançait vers la porte lorsqu'il la saisit par les épaules. Elle se pelotonna auprès de la table. Tout sentiment de honte avait disparu. Sa seule pensée était l'assassinat ou bien le suicide. Les larmes, qu'elle avait retenues avec tant d'efforts, se mirent à couler abondamment. Puis, à travers ses pleurs, apercevant la photographie de la femme du commissaire, elle la prit, la déchira en mille morceaux avec le sentiment de tuer quelqu'un, et en jeta les morceaux à la poitrine de l'homme, sur qui elle s'élança affolée, comme si elle allait le mordre. Kurachi recula involontairement, les bras tendus pour résister à l'assaut, mais elle finit par enfouir son visage sur cette poitrine, tout en grinçant des dents.

Sentant la main du commissaire sur ses épaules, elle bondit comme si elle avait reçu une décharge électrique. Honteuse d'avoir provoqué cet homme dans le seul espoir de lui arracher quelques mots aimables, elle se cacha dans un coin. Kurachi l'y suivit. Elle s'échappa. Il la prit brutalement, elle se débattit de toutes ses forces, mais le véritable Kurachi, à cet instant, s'était déchaîné. Une force de bête fauve irritée agitait son corps. Hurlant, il s'abattit sur Yôko.

— Tu te moques encore de moi !

Ce cri retentit aux oreilles de Yôko, ce cri qu'elle avait désiré entendre dans la bouche de Kurachi ! Ses larmes maintenant mentaient ; elle n'avait plus l'âme triste.

— Je ne veux pas, lâchez-moi.

Cette exclamation était fausse, théâtrale. Kurachi, rencontrant une telle résistance, devenait ardent.

— Comment pourrais-je te lâcher ?

Sa voix tremblait. Yôko comprit qu'elle retrouvait ce qu'elle avait perdu. Contre la poitrine de l'homme, elle murmurait, fragile comme un oiseau :

— Je vous demande vraiment de me lâcher.

— Non ! oh ! non, je ne le veux pas !

Evitant de droite et de gauche les baisers de Kurachi, elle sanglota plus fort, tandis qu'il gémissait comme une bête blessée. Dans ses veines courait le sang d'un véritable démon et Yôko guettait le bon moment. Lorsque l'exaltation charnelle de l'homme fut portée à son comble, elle cessa bruquement ses pleurs pour le balayer de la lumière aiguë de son regard.

— Je vous en prie, laissez-moi m'en aller.

Elle se glissa précipitamment hors de son étreinte qui se relâchait et s'élança vers la porte.

— Vous avez fermé cette porte à clef ? C'est de la séquestration !... Je…

D'un coup, elle ouvrit et disparut.

Kurachi, interdit, stupéfait, cria une injure en anglais et se mit immédiatement à la poursuite de Yôko. Il frappa à la porte de sa cabine. Elle l'avait fermée à clef. Il cogna encore… Après quelques instants de silence, elle l'entendit entrer chez le médecin Kôroku. Elle espérait que celui-ci viendrait dans sa cabine au nom du commissaire. Mais des éclats de rire retentirent tout à coup dans la cabine voisine. Yôko imagina l'entretien entre les deux hommes. « Tous deux doivent s'étonner de l'inconstance de mes sentiments… Sadako !... Sadako !... » Elle appelait sa fille à voix basse, comme si elle se trouvait à ses côtés. Mais même le nom le plus cher ne provoquait aucun écho dans sa conscience. « Comment se fait-il que nos affections soient si changeantes ? » Elle pleurait de pitié non pour son unique fille privée de ses soins, mais pour son propre cœur. Elle s'assit devant la table et commença à écrire des phrases sans suite sur un morceau de papier. « Je suis désolée de voir que vous profitez de la faiblesse d'une femme… Peut-être que mon destin est lié à ce paquebot… Je ne suis qu'une algue qui flotte, çà et là, à la merci des flots… Mais je suis triste parce que vous ne vous préoccupez pas de mon amour… Morte… »

Ce dernier mot écrit, elle l'effaça rageusement. « Parler de mon cœur à cet homme, c'est l'inviter à s'en jouer… ». Elle noircit le papier, le surchargeant de mots insignifiants. Puis, elle entendit encore une fois le rire bruyant de Kurachi dans la cabine du médecin. Tendant l'oreille, elle s'approcha de la porte. Plus rien ! Elle revint près de la table, honteuse, et, accoudée, continua à tracer des signes, des dessins, distraitement, son front douloureux posé sur sa main.

« Si mon désir se réalisait, quel besoin aurais-je de vivre avec Kimura, avec Sadako ? Si je m'emparais du cœur de Kurachi, je pourrais agir suivant ma volonté… Oh ! oui ! Si mon désir ne se réalisait pas… Alors je n'aurais plus besoin de rien, alors je mourrais, la mort serait fort belle… »

Elle devenait sentimentale, romanesque comme une jeune fille, et s'en étonna. Elle en était heureuse. Cette sentimentalité lui semblait douce à savourer, tant elle en avait perdu le goût depuis sa séparation d'avec Kibe, et, enivrée d'idées de sacrifice, de suicide par amour, elle enfouit son visage dans ses mains.

Quand Yôko se redressa, le jour était tombé, l'électricité éclairait la cabine. Tout à coup la porte voisine s'ouvrit. Des coups étaient frappés contre la sienne… et la voix du commissaire retentit :

— Madame Satsuki !

Elle eut peur, se cacha en un coin. Mais elle restait tout ouïe.

— Madame Satsuki, voudriez-vous ouvrir un instant, je vous prie ? Je vous en prie…

Elle jeta hâtivement les morceaux de papier, fer-ma le rideau du hublot. Le commissaire frappait toujours, cette fois avec le poing. Elle arrangea son kimono, se mira dans la glace par-dessus son épaule, essuya la trace de ses larmes, lissa ses sourcils.

— Madame Satsuki !

Encore hésitante, Yôko tourna la clef plusieurs fois, maladroitement. Kurachi entra. Il était ivre. Cet homme, qui semblait pouvoir boire impunément, se mettait rarement dans des états pareils. Appuyé contre la porte, de nouveau fermée à clef, il fixa froidement la jeune femme.

— Madame Yôko, ou si vous préférez, Madame Satsuki, Madame Satsuki… Je suis tout à fait conscient de mes responsabilités… J'étais déjà amoureux de vous dès Yokohama. Vous l'aviez sans doute compris, non ? La violence ? Qu'est-ce que cela veut dire ? La violence est synonyme de bêtise. Je peux vous tuer, si tel est mon bon plaisir.

Ces derniers mots enchantèrent Yôko.

— Vous êtes liée avec un certain Kimura, je le sais bien. Le directeur de la succursale de Yokohama m'a mis au courant. Je ne sais pas qui est ce Kimura, mais ce que je sais, de toute évidence, c'est que je vous aime plus fort que lui. Ne l'avez-vous pas compris ? Je vous le déclare donc en mettant de côté toute fierté.

Yôko, comme en extase, buvait ses paroles, les savourait. En un mot, les dévorait.

Journée décisive pour l'accomplissement du destin…

XVII

L'*Enoshima-Maru* parvint le soir à Victoria.

Yôko, à travers le hublot, lut ces mots qui s'étalaient en lettres blanches sur le quai obscur : *Car to the town, Fare 15 cents*[1]. Autour du paquebot, c'étaient des clameurs grandissantes, à cause du transport des cargaisons et du débarquement des coolies chinois dont l'entrée aux Etats-Unis est réglementée. Le commissaire, fort affairé, ne pouvait venir ce soir-là dans la cabine de Yôko. Or, plus le bruit augmentait d'intensité, plus la paix se faisait en elle – une paix qui provenait d'un attachement nouveau à la vie, une paix non pas morne et vague, mais vibrante, active, animée de choses fortes et de transports extatiques. Elle ressentait une fatigue agréable de l'âme et du corps, comme si tous ses besoins eussent été satisfaits, comme si elle se fût reposée après une victoire remportée au bout de vingt-cinq ans d'une longue et pénible guerre. Elle restait allongée sur le sofa, considérant distraitement les reflets des

1. Voiture pour la ville, quinze cents.

lumières. L'absence de Kurachi lui causa un léger regret, mais elle était maintenant rassurée…, et maintes fois un sourire de quiétude se dessina sur ses lèvres.

Le lendemain, Yôko remarqua un changement dans l'attitude des passagers à son égard. Elle l'attribua aux intrigues de Mme Tagawa. Ceux qui occupent dans la société une situation honorable aiment à manier l'arme de la morale et Mme Tagawa ne s'en était pas privé. Il lui avait été très désagréable de voir le commissaire la négliger, si bien que, dès qu'elle en eut le soupçon, elle mit tout le bateau au courant des relations intimes que Kurachi entretenait avec Yôko. Et à partir de ce moment-là, la plupart des voyageurs se montrèrent on ne peut plus froids vis-à-vis de Yôko. Le jeune Oka, lui-même, parut entrer dans le complot. Un matin que, penché au-dessus du bastingage, il contemplait l'eau calme de la baie, dans la même attitude rêveuse qui lui était coutumière, il s'enfuit à la vue de Yôko et se mit à errer comme un fantôme. Quand elle le rencontra de nouveau, il disparut plus vite encore. Mais quand il pensait ne pas être vu, il continuait de l'observer.

Cette réprobation générale laissa Yôko indifférente.

« Nous arrivons aujourd'hui à Seattle… Je n'ai plus beaucoup de temps à rester sous la surveillance de Mme Tagawa et des autres passagers. »

L'idée d'être arrivée lui causa en revanche quelque inquiétude. Elle songea qu'elle se mettrait bientôt en route avec Kimura pour Chicago où ils devaient passer une année entière. Et elle se rappela qu'elle n'avait pu demeurer que deux mois avec Kibe !... D'autre part, elle était sûre qu'elle ne pourrait vivre un seul jour sans Kurachi. Après l'arrivée à Seattle, elle aurait trois ou quatre jours pour réfléchir à tout cela et prendre une décision… Kurachi, de son côté, devait aussi examiner la situation. En tout cas, elle ne voulait pas troubler, par ce souci du lendemain, la quiétude dont elle jouissait. Et comme il lui était fort désagréable de rencontrer les autres passagers, elle pria le commissaire de lui permettre de se réfugier sur la passerelle.

Le paquebot se traînait, presque immobile, dans une baie étroite, pareille à la mer intérieure du Japon. Le capitaine, debout à côté du pilote qu'il avait pris à Victoria, rougit en apercevant Yôko. Soulevant sa casquette, il la salua. Le pilote, âgé, de haute taille, se retourna brusquement et fixa la jeune femme :

— Quelle jolie passagère. Qui donc est-elle ?

Le capitaine chuchota quelque chose. Alors le pilote rit bruyamment, enfonçant sa tête dans son cou, et, se retournant, dévisagea de nouveau Yôko. Cet éclat de rire innocent et franc lui avait plu et elle pensa que le caractère viril de cet homme était en accord avec le ciel sec et clair de ce matin d'automne. Elle éprouva soudain le désir de passer sa main sur le dos du pilote. Le paquebot glissait entre des îlots, couverts de pins, tantôt grands, tantôt minuscules, et le bruit des vagues légères qui se brisaient sur les flancs de l'*Enoshima-Maru* accentuait encore la sensation de calme. Vers midi, après avoir franchi un cap, il arriva devant Townsend. Là, une inspection des autorités américaines devait avoir lieu. Il s'agissait en fait d'un petit port de pêcheurs dont le quai était constitué d'un apport de pierres de la colline voisine. Une rangée de maisons aux couleurs vives semblait former une large boîte carrée dont il eût manqué un côté. Quelques habitations s'étageaient sur une côte dressée à pic ; plus haut, sur la colline, des moulins tournaient lentement leurs ailes blanches au milieu du ciel bleu avec un grincement qui donnait une impression d'insouciance. Par bandes, des mouettes volaient au ras des eaux entourant le paquebot et poussaient des cris pareils à des miaulements. Appuyée contre la cloison du poste de pilotage, baignée dans la lumière tiède, Yôko contemplait la vie du petit port avec calme et sympathie, comprenant que sa vision des choses était influencée par ces quatorze jours de vie en pleine mer. L'océan immense gémissait de passions inouïes, si changeantes, libertines, sérieuses !... Elle s'amusait de l'ondulation, du plissement de l'eau et se remémorait ce voyage, comme Eve avait dû regretter le paradis perdu.

— Ah ! madame Satsuki, voulez-vous bien montrer votre visage, pas la peine de descendre !

C'était la voix du commissaire ! Elle se pencha au-dessus du bastingage, enivrée de bonheur, comme une petite fille appelée par sa mère. Kurachi était appuyé sur celui du pont inférieur.

— *One more over there, look.*[1]

Il montrait Yôko à un Américain. En hochant la tête, le fonctionnaire nota quelque chose sur son carnet. L'*Enoshima-Maru* se remit bientôt en marche et Kurachi apparut sur la passerelle.

— *Here we are. Seattle is as good as reached now.*[2]

Après avoir dit ces mots qui ne s'adressaient à personne en particulier, il serra la main du pilote.

— *Thanks to you.*[3]

Il causa quelque temps avec les deux hommes de choses et d'autres, fort gaiement, puis, tout à coup, dit à Yôko, comme s'il se rappelait sa présence :

— Bientôt je serai terriblement occupé, je voudrais vous parler tout de suite… Voulez-vous venir en bas ?

Saluant légèrement de côté le capitaine, elle suivit Kurachi dont la carrure énorme et sauvage ne lui inspirait plus l'inquiétude qu'elle avait ressentie au début. Il mit sa main sur l'épaule de Yôko et ouvrit la cabine où s'étaient réunis, dans une fumée épaisse de tabac, trois ou quatre hommes qui se tenaient assis ou debout, avec, parmi eux, Kôroku. Le commissaire entra, la main toujours sur l'épaule de Yôko. D'un coup d'œil, elle reconnut les passagers « cyniques » qui, tous les jours, s'assemblaient dans le salon pour boire du whisky et pour troubler, par leurs

---

1. Là-bas encore une autre, regardez.
2. Nous y voilà. Nous voilà à Seattle.
3. Merci à vous.

remarques ironiques et leurs sarcasmes, la conversation des autres voyageurs. A en juger par leur aisance à porter les vestons à l'américaine qui, d'ordinaire, vont si mal aux Japonais, ils paraissaient avoir fait souvent la traversée du Pacifique. Quelle pouvait être leur profession ? Yôko n'aurait su le dire, malgré sa perspicacité naturelle. Quand elle entra, il ne fut procédé à aucune présentation. Celui qui occupait le siège le plus confortable se leva simplement pour le lui céder et, courbant son échine, se pelotonna sur une couchette, déjà occupée par un autre, ce qui provoqua un rire général. Tous paraissaient respecter le commissaire et être au courant de ses amours. Yôko se sentit tout de suite à l'aise. La conversation reprit.

— Ah ! Il y a une difficulté !... La femme Tagawa, cette sorcière, ne manquera pas de nous mettre des bâtons dans les roues.

— Oui, c'est une véritable mégère !

— Nous ne pouvons faire autrement que de trancher la question sans hésiter.

Ils parlaient avec un léger ton de plaisanterie.

Kurachi, appuyé sur la table, restait muet. Un de ces hommes qui portait ce jour-là un kimono ouaté s'adressa à Yôko :

— Il vaudrait mieux pour vous rentrer au Japon par ce même bateau.

Alors le commissaire, un peu gêné, ajouta en regardant Yôko :

— Je le pense aussi. Qu'en dites-vous, Madame ?

— Mais ?...

Elle ne put prononcer que ce mot d'hésitation. Kôroku, le médecin, avançant son visage, enchaîna avec une gravité pleine de bon sens :

— C'est bien ce qu'il y a de mieux à faire, Madame. Pour cela, vous n'avez qu'à vous déclarer malade. Nous dirons que, pendant quelques jours, vous ne pouvez quitter votre cabine, que ce serait difficile, étant donné votre état de santé, d'enfreindre les règlements de quarantaine. Nous dirons aussi que si les autorités américaines obligent encore une fois les Japonaises à se dévêtir devant elles, à étaler leur nudité en public, un nouveau conflit surgira – ce sera le second – avec le gouvernement de Tôkyô. Nous insisterons aussi sur le fait que ce genre de discussions entre le Japon et les Etats-Unis conduiront nécessairement à des complications internationales, et qu'il est donc préférable de vous laisser à bord jusqu'au départ. Soyez rassurée, nous agirons adroitement. Au moment du départ, nous dirons qu'il vous est impossible de vous débarquer. Voilà, c'est très simple !

Kurachi intervint :

— Et si par hasard Mme Tagawa montait la tête à Kimura, rien ne servirait mieux nos plans.

Yôko pensa que Kimura n'était pas de ces gens qui savent prendre aussi rapidement leur parti de l'impossible et qu'il ne renoncerait pas aisément à elle. Et elle se souvint qu'il avait toujours répliqué à ses détracteurs :

« Je connais fort bien les défauts de Yôko. Je sais parfaitement qu'elle a eu un enfant en dehors de tout mariage régulier, mais, étant chrétien, je voudrais la sauver bon gré, mal gré. Yôko sauvée, je posséderai une femme idéale, j'en suis convaincu ! »

C'est d'ailleurs ce caractère opiniâtre, propre aux Japonais septentrionaux, qui déplaisait le plus à Yôko. Elle pensa que la tactique de Kôroku était la plus efficace, et regardant le médecin familièrement :

— Monsieur Kôroku, vous me dites que je dois feindre la maladie, mais je suis réellement malade. J'envisageais depuis quelques jours de vous consulter, mais j'y avais renoncé, pensant que ce n'était pas grave… J'étais déjà un peu malade avant le départ… Qu'en pensez-vous ? Je souffre parfois ici, au ventre.

Alors, l'homme pelotonné sur la couchette s'agita et sourit d'un air entendu, elle le regarda de ses yeux sévères, mais comprit bientôt qu'elle-même devait sourire aussi.

— Vous pensez que je plaisante, que je déclare un peu tard ma maladie. Eh bien, monsieur Kôroku, voulez-vous que je vous consulte tout à l'heure ?

L'affaire étant réglée, et plus facilement qu'on ne l'avait pensé, Kôroku et ses amis quittèrent la cabine.

— Ainsi je vais devenir dès maintenant véritablement malade.

Elle piqua de son doigt la joue de Kurachi et baisa ses lèvres.

Le soir tombait, les fumées de la ville de Seattle apparaissaient vaguement dans le lointain.

Yôko retourna dans sa cabine, mit une robe de chambre blanche, coiffa ses cheveux en une longue natte. Puis elle se coucha.

Un instant auparavant, elle ne paraissait pas sérieuse quand elle se disait malade, mais en réalité, depuis assez longtemps déjà, elle avait une sensation de douleur dans le bas-ventre. Chaque fois qu'elle se refroidissait ou bien que ses nerfs étaient surexcités, elle sentait là des élancements. Après le départ du paquebot, elle avait observé un certain mieux, mais ses souffrances n'allaient-elles pas désormais reprendre ?

A l'intérieur des draps, et frictionnant légèrement l'endroit du mal, elle imagina les événements qui pourraient se produire lors de son arrivée à Seattle et pensa que, pour tromper Kimura comme il convenait, il fallait au moins avoir achevé à temps tous les préparatifs du débarquement. Elle se leva de nouveau. Le kimono luxueux, qu'elle avait porté la veille, fut soigneusement rangé dans la malle. Ensuite, elle suspendit au portemanteau les vêtements qu'elle portait avant de se coucher. Puis, cachant dans un tiroir la pipe et le carnet oubliés chez elle par le commissaire, elle sortit les deux lettres de Kotô, les mit sous l'oreiller, telles qu'elles étaient au départ de Yokohama. Après cela, elle posa les photos de ses deux sœurs et de Kimura devant le miroir. Mais la mise en scène ne lui parut pas encore assez parfaite. Kôroku fut prié de venir et elle lui demanda de préparer des flacons de médicaments ainsi qu'une feuille de température. Les flacons furent vidés à moitié dans le crachoir. Elle se releva encore une fois pour placer à l'écart, dans la malle, les cadeaux qui lui avaient été confiés au Japon pour Kimura. Il y avait divers objets destinés à rappeler à l'exilé le pays natal ; leur odeur même restait toute imprégnée du Japon. Yôko les voyait, les respirait avec émotion. Elle regardait autour d'elle, tout était dans l'ordre voulu, comme lors du départ de Yokohama – exceptées les fleurs, vite fanées. Encore une fois Yôko se sentit émue devant ce spectacle qui, comme un parfum, faisait remonter tant de vieux souvenirs, mais ce sentiment disparut vite, sans avoir provoqué de larmes.

Le silence de la cabine n'était troublé que par les tentatives de mise en marche des treuils de déchargement, et Yôko contemplait son cœur stagnant comme la surface d'un étang ou d'un lac sans vent. D'un son pénétrant, l'horloge de la salle à manger sonna bientôt trois heures, suivie aussitôt par la sirène qui se mit à retentir, comme si la sonnerie de l'horloge avait été un signal. Yôko pensa que l'*Enoshima-Maru* annonçait son entrée dans le port, si bien que, demeurée calme jusqu'alors, elle commença à s'agiter.

« Ce long voyage est enfin terminé ! Voici que je suis arrivée en Amérique, dans ce pays où dès l'âge de quinze ans je rêvais d'aller... Je voulais être journaliste alors ! Et je suis maintenant en Amérique, où jamais je n'aurais cru pouvoir me rendre !... Peut-être Kimura attend-il l'accostage, debout sur le quai, les yeux remplis de larmes, s'efforçant de calmer son âme. »

Le regard de Yôko se dirigea vers les photographies auxquelles il lui était interdit de joindre celle de sa fille Sadako. A ce souvenir son cœur se troubla. « Que devient cette pauvre enfant sans père pour veiller sur sa vie, sans mère qui la caresse sur ses genoux ? Que fait-elle en ce moment, dans la maison solitaire, au bord de l'étang du parc d'Ueno ? »

Elle imagina qu'à cet instant son enfant riait, ou bien peut-être qu'elle était triste, qu'elle pleurait. Oh ! quelle pitié !... Elle prit son mouchoir et essuya ses yeux, mais ses larmes ne cessaient de couler. Trahison inattendue des sentiments ! Comment définir cette tristesse qui rendait toutes choses aimables et sympathiques, qui l'inclinait à la résignation en effaçant ses ressentiments. « Pauvre Sadako, mes mignonnes sœurs, mes parents... au milieu d'un monde qui m'inspire autant de nostalgie, pourquoi mon cœur reste-t-il ainsi solitaire. Pourquoi la société est-elle impuissante à assurer le bonheur d'une femme comme moi ? »

Elle voulait s'attacher à ces pensées mélancoliques, en vain ! Un sentiment, sombre et vaste comme une nuit sans étoiles ou une mer sans vagues, s'étendait, confondant dans une même teinte toutes les affections, toutes les inimitiés. Un désir obscur de mort, plutôt que le besoin de maudire la vie, flottait toujours dans les parages du cœur de Yôko, sans s'en approcher, ni s'en éloigner. Elle cacha son visage dans l'oreiller, pleura douloureusement sur elle-même. La sirène gémit pour la seconde fois. C'était l'accostage. Elle souleva sa tête lourde de fatigue, son mouchoir était trempé de larmes. Le maniement des cordages lancés par les marins et le piétinement de leurs souliers ferrés faisaient au-dessus de sa tête un grand tumulte, mais elle ne l'entendait que distraitement, dans cet état d'âme qui suit les longs sanglots.

— Voici la cabine…

Ces mots du commissaire frappèrent Yôko comme un coup de tonnerre, et elle se raidit, sentant qu'elle ne pouvait accueillir Kimura avec assez de sang-froid. Elle se leva pourtant, mais nonchalamment, comme privée de tout pouvoir d'agir. Pressant sa tête dans ses mains, elle s'arracha quelques cheveux et se laissa tomber sur la couchette comme une coupable qu'on jette au pied du mur.

La porte s'ouvrit.

« La porte s'ouvre », se dit-elle, comme pour demander du secours à des forces intérieures. Elle était dans un tel état de tension que sa respiration devenait difficile.

— Madame Satsuki, voici quelqu'un.

« La voix de Kurachi… Oh ! C'est la voix de Kurachi ! » Yôko se tourna vers la cloison… « C'est la voix du commissaire ! »

— Madame Yôko.

« Et celle-ci, c'est la voix de Kimura. » Elle devenait folle ! « Je ne peux pas les voir ensemble. » Le dos découvert, elle se colla contre la cloison, poussant des cris de démente, entre des flots de larmes, et sa voix tremblante, tantôt haute, tantôt basse, rendait le son d'un rire.

— Sortez… sortez… tous les deux, je vous prie… Sortez de cette cabine… Je vous en supplie de tout mon cœur, tout de suite… cette cabine… sortez…

Kimura s'approcha et mit sa main sur l'épaule de Yôko. A ce contact, elle se raidit de peur et de répugnance, cherchant à se cramponner quelque part.

— J'ai d'atroces douleurs… Ne me touchez pas… dans le ventre… sortez, s'il vous plaît… tout de suite.

Elle crut entendre le commissaire appeler Kimura. Tous deux chuchotaient… Ils s'éloignèrent sur la pointe des pieds. Yôko criait encore, haletante, dans des sanglots.

— Sortez, s'il vous plaît… Allez-vous-en !

XVIII

Lorsque Kimura revint à la cabine après avoir discuté avec le commissaire, Yôko avait enfoui sa tête dans les draps. Elle se retourna lentement et, allongeant un bras blanc, à moitié nu, elle serra silencieusement la main de son fiancé. Lui restait debout, observant le visage de Yôko d'un air apitoyé, les lèvres tremblantes, les yeux remplis de larmes. Quant à elle, toutes les émotions qu'elle ne pouvait exprimer par des mots l'étouffaient ! Comment entamer l'entretien ? Ni l'un ni l'autre ne le savaient et leurs mains restaient unies. Mais comme il n'y avait rien de sentimental dans cette scène muette, Yôko retrouva peu à peu ses esprits. Elle sentit enfin s'élever du fond de son cœur une ironie froide. Elle voulait retirer sa main, se cacher les yeux sous la couverture afin de mieux jouir du trouble du jeune homme. Kimura cherchait les mots les plus convenables pour exprimer ses sentiments amoureux, son impatience. Il l'appela d'une voix toute larmoyante.

— Yôko !

Cette voix était si tendre qu'elle pensa ne l'avoir jamais entendue. Elle avait des intonations de héros légendaire. Aussi serra-t-elle fortement la main de Kimura pour l'inviter à continuer. Ses regards aussi l'encourageaient. Kimura retrouva son éloquence :

— Un jour, dit-on, équivaut à mille automnes [1], et c'est exactement cela, Yôko !

Il dit ces mots d'un trait. Mais elle fut tout à fait déçue en entendant cette phrase banale qui ne pouvait que provoquer le rire. Et bien qu'elle fût réellement amoureuse de Kurachi, elle n'était pas cynique au point de se moquer ouvertement d'un sentiment sincère, de telle sorte qu'elle se dit seulement en elle-même : « Voilà justement ce que je déteste en lui. »

Elle n'était d'ailleurs pas moins embarrassée que Kimura, sa surexcitation nerveuse ne lui ayant pas permis de réfléchir à la meilleure marche à suivre pour parvenir à ses fins. Mais elle se souvint que, lorsqu'elle s'était séparée de Kibe, elle n'avait rien combiné à l'avance non plus. Ayant agi au hasard des circonstances, elle réussit si bien son affaire que tout le monde crut qu'elle avait suivi un plan. Il suffisait encore une fois de se fier à sa bonne étoile. Elle offrit donc une chaise à son fiancé. Il s'assit près de la couchette. Elle posa sa douce main sur les

---

1. Expression de l'ancienne langue littéraire évoquant l'impatience.

genoux du jeune homme et, le regardant, lui murmura :

— Vraiment il y a un siècle que nous ne nous sommes vus. Il me semble que vous avez maigri.

Le corps de Kimura tremblait par excès d'amour, et les larmes qui emplissaient ses yeux tombaient lentement. Elle vit, suspendue au bout du nez, une goutte qui n'arrivait pas à se détacher.

— Je pensais bien que vous étiez préoccupé par toutes vos affaires et mon intention était de venir plus tôt, mais, comme vous le savez, il n'était pas facile de trouver l'argent nécessaire, j'ai dû vendre tout ce que j'avais…

Kimura se hâta de l'interrompre :

— Je le sais mille fois !

Elle le regarda, la goutte venait de choir sur son pantalon. Elle remarqua encore que la pointe du nez était luisante, toute rougie par les larmes. Kimura se torturait l'esprit pour aborder la question essentielle. Il dit enfin :

— Vous avez reçu ma dépêche à Victoria ?...

Yôko ne savait rien, elle n'avait rien reçu. Cependant elle répondit simplement :

— Oh ! oui, je vous remercie.

Elle cherchait le moyen de se sortir de cette situation au plus vite.

— Je viens d'apprendre par le commissaire que vous étiez malade. Qu'avez-vous ? Je vous attendais avec impatience, pensant vous accueillir gaie et en bonne santé. Il faut toujours se dire que les épreuves que nous subissons sont envoyées par Dieu. Où avez-vous mal ?

Elle se dit que c'était bien grossier de la part d'un homme de demander à une femme de quelle partie du corps elle souffrait. Sa maladie d'estomac, lui répondit-elle, avait repris sur le paquebot, par suite du changement de climat et de nourriture. Il écouta cette explication d'un air apitoyé, en fronçant les sourcils. Mais Yôko n'avait déjà plus la force de supporter une telle conversation. De plus, la vue de Kimura lui rappelait les pénibles incidents de Sendai, la mort de sa mère…

Elle dit vivement :

— Et comment marche votre entreprise ? ...

Elle employa à dessein le mot « votre », voulant éviter de donner prise à la sentimentalité de son fiancé. Kimura changea de physionomie, il tira son mouchoir fort adroitement, se moucha et d'un geste décidé le remit dans la pochette :

— Ça ne va pas…

Il y avait un gros chagrin dans sa voix, mais ses yeux riaient. Il raconta que le consul du Japon à San Francisco était complètement indifférent aux entreprises de ses compatriotes ; que ses affaires à San Francisco avaient échoué à cause des obstacles plus grands qu'il ne l'avait supposé et surtout en raison de la jalousie qui divisait les Japonais. Bref, il était plus facile de réussir à l'Est qu'à l'Ouest et surtout à Chicago. Aussi avait-il eu l'heureuse inspiration de s'associer à un Allemand fort sérieux, si bien qu'il allait établir un magasin à Seattle et qu'il avait l'intention d'ouvrir à Chicago un comptoir qui commercerait directement avec le Japon, grâce au concours d'un négociant en fer américain, consul honoraire. Il avait déjà choisi la maison où il habiterait avec elle à Chicago, il en avait le plan…

La conversation prenant ce tour, elle se se sentit rassurée et, tout en continuant à le regarder, elle l'écoutait distraitement. Les manières du jeune homme s'étaient affinées depuis qu'elle l'avait vu pour la dernière fois, son épiderme était plus brillant, et les cheveux bien noirs, divisés en deux parties égales, contrastaient agréablement avec un teint tirant sur le blanc. Chez les Européens à cheveux blonds, il était impossible de trouver une opposition si franche de couleurs. Sa cravate et son col étaient de bon goût.

— Je ne voulais pas vous informer de ces misères tout de suite… Pour venir vous accueillir, je n'avais pas beaucoup d'argent.

Il cacha son trouble sous un rire. Cependant, malgré cet aveu de pauvreté, il portait sur sa poitrine une lourde chaîne d'or et sa main s'ornait de quatre bagues rehaussées de pierres précieuses.

Yôko remarqua l'anneau qu'elle lui avait donné lors de leurs fiançailles. Or, elle ne portait pas celui que Kimura lui avait offert, et, pour qu'il ne s'en aperçoive pas, elle rentra sa main sous les couvertures. Comme pour suivre ce geste, il se leva et s'approcha.

— Yôko !...

— Quoi ?...

Elle pensa avec ennui qu'une scène d'amour allait commencer, mais elle n'osa pas détourner la tête. Le commissaire, par bonheur, entra.

— Oh ! soyez le bienvenu… Excusez-moi, j'étais très énervée tout à l'heure. Vous êtes très occupé comme toujours ?

Kurachi dit avec l'air de plaisanter :

— Je me suis aperçu que j'avais oublié une chose tout à fait importante. J'ai en effet reçu une dépêche pour vous à Victoria, j'ai oublié de vous la remettre tant j'avais à faire. Je vous demande sincèrement pardon. Elle est toute chiffonnée…

Il sortit de sa poche le télégramme froissé où s'étaient glissées des parcelles de tabac.

Kimura stupéfait regarda Yôko qui trouva vite une explication :

— Monsieur Kurachi, mais que vous arrive-t-il aujourd'hui, que me dites-vous là ? Je l'ai déjà lue cette dépêche !

Vite, elle cligna de l'œil. Alors, l'ayant comprise :

— Comment ? Vous l'avez eue… Oh ! oui, oui, oui… Bien sûr. Je deviens fou… Ah ! ah ! ah !

Il éclata de rire. Yôko l'imita et Kimura finit par faire comme eux. Alors le commissaire et Yôko rirent de plus belle. Tous deux étaient enchantés de se comprendre, malgré la présence du fiancé. Cependant cette hilarité parut finalement avoir froissé Kimura. Yôko reprit tout son sérieux et, tirant de sous l'oreiller la lettre de Kôto, elle la lui remit.

— Voici une lettre pour vous. Oh ! J'ai demandé tant de choses à Kôto… Comme il est très inexpérimenté, je m'impatientais quelquefois… Je l'ai prié de veiller sur l'éducation de mes sœurs, mais je suis terriblement inquiète… Peut-être est-il maintenant en discussion avec mes parents, je crois assister d'ici à ces démêlés…

Kimura, se sentant plus à l'aise, affecta de négliger complètement le commissaire. Il parlait de choses et d'autres, décidé à user de son droit de parole vis-à-vis de Yôko. Kurachi, bien que désireux d'assister au développement de cette scène, quitta brusquement la cabine.

Kimura s'excusa. C'était son habitude de s'excuser à tout propos, même avec ses intimes. Il ouvrit l'enveloppe, en tira plusieurs feuillets qu'il lut lentement. Yôko, couchée sur le dos, observait, dans le demi-jour de cette heure tardive, les traits de Kimura qui exprimaient tantôt la souffrance, tantôt le doute. On entendait le vacarme du déchargement de la cargaison.

Il passa la lettre à Yôko avec un soupir de soulagement, et haussant les épaules :

— Il dit ça… Vous n'avez qu'à lire, il vous y autorise.

Yôko n'avait nulle envie de lire, mais elle prit la lettre et ces quelques phrases lui sautèrent aux yeux :

Je n'ai jamais fait de ma vie une expérience aussi étrange que celle-ci… Je n'ai pas voulu prendre la responsabilité de Mme Yôko après ton départ… Si tu me permets de te parler franchement, je dirai que je ne crois pas que tu aies occupé entièrement son cœur… Je n'ai jamais vu de très près un cœur de femme, cependant, si, malheureusement, ce que je pense est vrai, il y aurait encore dans le cœur de Mme Yôko quelques parties vides... Moi, en présence d'une femme jeune, je suis si troublé que je ne peux parler comme je le voudrais, cependant avec Mme Yôko je me sens tout à fait à l'aise. C'est une chose qui mérite réflexion... Mme Yôko me paraît en effet, comme tu le dis, avoir une grande intelligence, cependant est-elle très morale ? A franchement parler, je n'aime pas cette personne, et en même temps je me sens attiré par elle. Il y a là une énigme que je ne saurais résoudre... Dieu n'a rien donné au démon, à part le don de séduction. Pareille idée me vient à l'esprit parfois... Qu'est-ce qui fait donc la séduction de Mme Yôko ?... Pardon, pardon, je dépasse la mesure... Parfois, je la déteste et parfois une sympathie irrésistible me pousse vers elle. Si Mme Yôko lit ces lignes, peut-être sera-t-elle fâchée ? J'aurais de la pitié pour elle si elle ne détestait pas inspirer ce sentiment... Je m'étonne de ta décision... Cependant, du moment que tu as agi ainsi, tu dois t'efforcer de la comprendre, je souhaite que vous aboutissiez tous deux à la victoire finale.

Avec dédain, elle rendit la lettre à Kimura. Le visage du jeune homme trahissait un effort pour lire dans le cœur de sa fiancée.

— Que pensez-vous de cette lettre ?

Yôko eut un rire indifférent :

— Je n'en pense rien. Pourtant Kotô me paraît plus intelligent dans sa lettre qu'il ne l'est en réalité, vous ne trouvez pas ?

Kimura n'avait pas l'air de vouloir se contenter de pareille réponse, mais elle se sentait excédée par ce genre de conversation et, pour en finir, elle reprit avec quelque sévérité :

— Kotô parle comme il veut, c'est son affaire. Quant à vous, depuis que vous vous êtes engagé à m'épouser, vous me croyez et vous me comprenez, n'est-ce pas ?

Kimura lui répondit immédiatement et d'un ton décisif :

— Assurément !

— Alors ce que dit Kotô est sans valeur… Il ne me comprend pas... Mais être comprise d'un tel homme signifierait être la dernière des imbéciles. Mais, il me semble que vous doutez un peu de moi, quand même, non ?

— Oh ! non, pas du tout.

— Vous dites pas du tout ! Mais si, vous avez douté de moi. Moi, j'aime les hommes de caractère qui, une fois leur décision prise, passent à l'exécution, quoiqu'il en coûte ! Si on fouille dans tous les petits coins, on trouve toujours quelque chose bien sûr ; et ensuite on ne peut plus s'arrêter de douter. Rien n'est plus bête que cette inquiétude. Quand on se conduit ainsi avec une femme, on la pousse à la mort. Si je suis devenue ce que je suis, c'est parce que tout le monde a douté de moi. Vous êtes de ceux-là, vous aussi. Ah ! que je suis seule !

Kimura s'écria :

— Yôko, vous me soupçonnez…

Et il expliqua avec chaleur qu'il ne pourrait

continuer sa vie de lutte qu'avec elle et que, si elle ne lui donnait pas toute sa sympathie, si elle ne l'encourageait pas en le consolant, son corps et son âme se flétriraient. Yôko, agacée par ces plaintes, s'exclama :

— Quelle éloquence !

Puis soudain :

— A propos, avez-vous vu Mme Tagawa ?

Et continuant d'un air ironique :

— Vous la verrez assurément bientôt, car elle est sur ce paquebot. Mme Isokawa lui avait demandé de me surveiller. Une fois que vous l'aurez vue, vous ne désirerez plus la rencontrer.

— Mais pourquoi ?

— Vous n'avez qu'à la voir, vous comprendrez !

— Alors, vous avez fait quelque chose de critiquable ?

— Oh ! oui, oui... J'en ai tant fait !

— A Mme Tagawa ? ... Mais qu'avez-vous donc commis pour être blâmée par cette femme remarquable ?

Yôko, de toute la force de son dédain, s'écria :

— Cette femme remarquable !

Elle rit longuement.

— Puisque vous portez une telle confiance en Mme Tagawa, il faut que je vous parle.

Et Yôko, moitié ironique, moitié sérieuse, raconta posément, comme si elle exposait l'affaire d'un tiers, les intrigues de sa rivale à bord. Elle ajouta même que Mme Tagawa l'avait soupçonnée d'avoir des relations intimes avec le commissaire.

Maintenant ses yeux brillaient de colère et versaient des larmes. Kimura, comme tétanisé par une décharge électrique, avait perdu toute faculté de jugement, se contentant d'écouter, perplexe, cette longue histoire.

— Il y a deux sortes de bienveillance, celle qui est réelle et celle qui n'est qu'apparente. Mais c'est curieux, quand, par hasard, on devient l'objet de ces deux types de bienveillance, c'est toujours la vraie qui apparaît suspecte ! Lorsque j'ai eu le mal de mer, trois jours après le départ de Yokohama, Mme Tagawa, si bienveillante envers moi, n'est pas venue une seule fois dans ma cabine, craignant peut-être de me déranger, tandis que le commissaire m'a rendu visite plusieurs fois avec le médecin. Par conséquent, Mme Tagawa a raison de douter de mon honnêteté. D'ailleurs, depuis que j'ai dû m'aliter, tous les passagers du paquebot m'ont manifesté leur sympathie, faisant pour moi mille et une choses, et ces attentions ont irrité Mme Tagawa. Si, au contraire, les passagers avaient été aimables uniquement envers elle, alors tout se serait bien passé. Mais, surtout, j'ai compris qu'elle en voulait au commissaire qui l'avait négligée.

Kimura écoutait en se mordant les lèvres. Il murmura d'un air fâché :

— J'ai compris, j'ai bien compris.

Elle tirait ses cheveux sur son front et les enroulait autour de son doigt. Avec un sourire moqueur, elle lui demanda :

— Vous avez compris ?... Hum... Qu'en pensez-vous ?

Kimura fit une grimace sentimentale :

— J'avais tort... Tout en vous conservant ma confiance, j'ai écouté les bruits qui couraient sur votre compte, j'avais tort... Voulez-vous bien réfléchir maintenant. J'ai voulu notre mariage malgré l'opposition de mes parents et de mes amis. Ma vie n'a pas de sens sans vous. Avec vous, je réussirai sûrement, dans dix ans, au plus tard... Si je vous perds... Je ne peux y penser... Yôko !

Il s'approcha avec des yeux ardents. Face à cette attitude passionnée, Yôko s'inquiéta. Cependant, l'idée qu'elle trompait ouvertement Kimura – ce Kimura qui, au mépris de sa fierté d'homme, jurait la croire – vint heurter sa conscience. Mais sa préoccupation essentielle restait surtout de se tirer de l'embarras dans lequel elle se trouvait momentanément plongée. Elle s'imagina Kurachi comme un homme qui se noie près du rivage, ce qui lui fit ressentir plus forte que jamais la force magique qu'exerce l'homme sur la femme...

« S'il avait été présent, j'aurais pu être plus courageuse. Cependant... tant pis ! Quoi qu'il arrive, je dois mener à bien cette affaire difficile. »

Forte de cette résolution, dictée par une volonté farouche, elle se prépara à recevoir les caresses de Kimura.

XIX

Le couple Tagawa, entouré d'innombrables personnes venues à sa rencontre, débarqua cérémonieusement, sans adresser le moindre adieu à Yôko. D'autres passagers cependant lui rendirent aimablement visite. Elle fut gracieuse avec tous, mais son cœur ne garda l'image d'aucun passager en particulier. Elle pensa cependant deux fois à Oka.

« Il va être obligé de partir pour Boston, bien qu'il soit amoureux de moi, et bientôt il m'aura oubliée. Je ne lui en veux pas, c'est un être innocent et noble. »

Cette pensée accordée à Oka s'évanouit vite. Seule la préoccupation de se débarrasser de Kimura demeura en elle. Son cœur était comme paralysé par la force diabolique de Kurachi.

Après l'agitation et le bruit du débarquement, l'*Enoshima-Maru* resta à quai, calme, solitaire, au milieu du tumulte environnant. Le pont fut livré aux marins qui le frottèrent, le polirent avec des moitiés de noix de coco, et Yôko en vint à s'imaginer que ce raclement monotone, entendu du matin au soir, effaçait aussi le temps. Elle n'avait plus aucun désir, sauf celui de rentrer au Japon le plus tôt possible. L'idée de jeter un coup d'œil sur ce pays étranger lui était désagréable et, sans même quitter sa cabine, elle attendait impatiemment le jour du départ. La prudence l'obligeait à rester au lit, car Kimura venait la voir chaque jour. Il répandait autour de lui une odeur de Yankee. Chaque fois, il lui conseillait de consulter un médecin américain et d'essayer d'échapper aux règlements sanitaires, mais elle persistait à refuser. Cependant, elle était assez adroite pour ménager les sentiments de son fiancé et mener à bien leurs entrevues. Elle lui parlait tendrement et Kimura, déprimé par ses épreuves d'homme d'affaires, s'enivrait des paroles d'amour prononcées par Yôko.

A peine avait-elle terminé sa toilette du matin qu'il arrivait, soit avec de petits paniers de bananes ou de superbes raisins de Californie, soit avec des fleurs. Et aussitôt il s'informait auprès de Kôroku de l'état de la malade. Le médecin donnait des explications imprécises. Kimura, impatienté, alla parler au commissaire. Il n'obtint que des réponses plus évasives encore. Alors il pria Yôko de débarquer, et il pleurait presque.

Elle racontait en détail à Kurachi tout ce que disait et faisait le jeune homme. Les deux amants riaient de ce désespoir de fiancé. Yôko se sentit devenir cruelle, et elle éprouva cette envie singulière et méchante d'embarrasser, de vexer Kimura. Elle aimait voir Kurachi se jouer de l'infortuné avec un raffinement de flibustier. C'était devenu un plaisir maladif dont elle ne pouvait plus se passer.

Yôko se vengeait sur Kimura de tout son passé !

Ah ! L'histoire de Cléopâtre… Elle se rappelait que cette reine d'Afrique, se sentant perdue, s'était résolue au suicide, mais qu'elle avait auparavant livré des esclaves aux serpents venimeux pour contempler impassible le martyre de ces êtres innocents. Kimura apparut à Yôko comme la vivante représentation de toutes les misères dont elle avait tant souffert – vexations de sa mère, méchanceté de Mme Isokawa, tyrannie de ses parents, censure de la société, domination, orgueil des hommes, jalousie des femmes... Kimura devint responsable de tout ! Et elle imaginait pour cet homme toutes les cruautés possibles.

— Vous êtes né sous une mauvaise étoile.

Cette parole échappa une fois à Yôko. Il la regarda sans comprendre, des larmes attendrirent ses yeux. Elle eut un rire maladif.

En abandonnant Kimura, c'était tout son passé qu'elle ensevelirait…

Elle céda à cette tentation perverse d'exciter, en présence du commissaire, la passion de son fiancé, qu'elle tyrannisait mieux dans ces instants où il se laissait aller à des transports amoureux, à tel point que Kurachi lui-même avait pitié et s'efforçait de consoler Kimura, de le réconcilier avec Yôko.

Un jour qu'elle racontait au jeune homme, assis près de la couchette, son départ de Tôkyô, le commissaire entra et elle changea aussitôt d'attitude pour ordonner d'un ton plein de dédain :

— Mettez-vous donc là-bas.

Des yeux, elle indiqua à Kimura le sofa placé plus loin et, fit asseoir Kurachi auprès d'elle :

— Cette place est pour le commissaire. Asseyez-vous, je vous prie.

Puis cillant les paupières :

— Oh ! Comme il fait beau… Parfois il y a des bruits de tonnerre, qu'est-ce que c'est ?... Vraiment, cela m'agace beaucoup !

— Mais c'est le treuil.

— Ah ! oui… A propos, j'ai entendu dire qu'il y aurait beaucoup de passagers cette fois-ci.

— Oui, et il y a des personnes que je connais.

— Hier soir, est-ce que votre amie, cette beauté, est venue à bord ? Sans doute, puisque je ne vous ai pas vu ici…

Cette parole imprudente surprit et gêna Kurachi qui, sans y répondre, se tourna vers Kimura :

— Et que pensez-vous de l'affaire McKinley ? En vérité, c'est épouvantable !

L'assassinat du président McKinley, qui avait eu lieu pendant la traversée, était le sujet de toutes les conversations. Kimura connaissait les détails et les circonstances du meurtre, aussi s'empressa-t-il de faire étalage de son savoir. Mais Yôko lui coupa sèchement la parole.

— Que faites-vous ? Vous m'interrompez ! Mais vous ne vous en tirerez pas comme ça. Voyons, Kurachi, est-elle vraiment si belle, cette jeune personne ? Je voudrais la voir ! Voulez-vous me la présenter lorsqu'elle reviendra ? Vous savez, il faut l'amener ici dans ma cabine, je n'ai plus que cette curiosité : voir cette beauté ! Kimura est un peu rustre !

Elle lui jeta un coup d'œil espiègle :

— Dites-moi, Kimura, depuis que vous êtes ici, avez-vous eu des amies ?

Le commissaire répondit :

— Mais bien entendu !

— Si vous avez eu des amies, vous avez dû être heureux, n'est-ce pas ?... Kurachi, je vais vous raconter de quelle manière Kimura est venu demander ma main. Il était raide comme un piquet et, à l'entendre parler, on aurait dit qu'il négociait une grave affaire diplomatique. Ma mère était couchée, très malade. Qu'avez-vous dit à ma mère ? J'ai tout oublié, sauf une phrase… Ah ! oui, oui…

Elle réfléchit un instant, puis imitant l'accent de Kimura :

— Si par impossible je pensais à une autre femme que Mme Yôko, je serais coupable devant Dieu…

« Ce seul mot vous donne le ton de la demande en mariage !

Kimura, muet, regardait Yôko d'un air lointain et froissé. Le commissaire éclata de rire :

— Alors, vous vous êtes déjà rendu plusieurs fois coupable devant Dieu !

Avec un sourire forcé, Kimura bégaya :

— On ne juge les autres que d'après soi-même, c'est exactement ce que vous faites.

Mais il restait perplexe, sans bien comprendre l'intention que Yôko donnait à tout ce qu'elle disait, paroles trop puériles pour s'en fâcher, trop excessives pour les considérer comme une simple plaisanterie. Et elle, de son côté, considérait cet embarras avec délices, comme si elle buvait un rafraîchissement.

Kurachi sortit. Yôko appela aussitôt Kimura auprès d'elle :

— Comme il est désagréable, ce commissaire ! C'est un homme qui ne comprend rien, sauf les balivernes... Vous êtes très mécontent, pardonnez-moi !

Elle le regarda avec toute la bienveillance qu'elle avait témoignée l'instant d'avant à Kurachi, mais Kimura avait subi trop de blessures : il restait sombre. Elle crut qu'il voulait l'intimider par cet air sérieux. Et, riant en elle-même, comme une gamine espiègle, elle promenait ses yeux sur le visage de Kimura coquettement, amoureusement, avec des mines de chatte.

Il semblait qu'il avait quelque chose à dire, mais qu'il ne l'osait, craignant de montrer sa faiblesse. Enfin, après quelques instants d'une conversation décousue :

— A propos, le commissaire vient-il parfois le soir discuter dans votre cabine ?

Il s'était efforcé de mettre du naturel dans la question, mais sa voix trembla aux derniers mots. Yôko, avec un sourire satisfait, comme devant un animal tombé dans un piège, s'offusqua :

— Que dites-vous ? Une pareille chose est-elle possible sur ce bateau ? Réfléchissez donc ! C'est justement ce à quoi j'ai fait allusion : des amis du commissaire viennent et se réunissent dans la salle à manger, boivent du saké et causent de choses et d'autres à voix haute, et je peux les entendre d'ici. Comme hier soir Kurachi n'était pas là, j'en ai fait la réflexion, en me moquant... Ces jours derniers, plusieurs femmes suspectes sont montées à bord et ont fait du tapage... Vous comprenez ?... Oh ! oh ! oh ! Mais vous vous inquiétez trop !

De son air le plus innocent, Yôko souriait à Kimura qui, de son côté, ne paraissait guère convaincu. Subitement, elle reprit le sujet de conversation interrompu quelque temps auparavant par l'arrivée du commissaire. Plaisir d'embrouiller l'intrigue et de la dénouer à sa fantaisie !

Elle ne pouvait s'empêcher de jouer avec cet homme, comme le chat joue avec la souris qu'il tient prisonnière entre ses griffes. Mais parfois la vue de Kimura lui causait un sentiment de haine si grand, si profond, qu'elle le chassait sous prétexte d'une recrudescence de son mal, et, dans sa surexcitation, jetant les objets qui se trouvaient à sa portée, elle criait : « Je vais tout lui avouer ! »

Cependant, elle ne perdait pas de vue le but qu'elle désirait atteindre. C'eût été bien imprudent de lâcher Kimura avant de tenir sûrement le commissaire. Elle se rappela le proverbe que sa mère lui avait appris : « Il ne convient pas d'ôter ses chaussures avant de voir l'hôtel. » « C'est vrai, il ne faut pas encore lâcher Kimura », se disait-elle, les yeux au plafond comme pour bien inscrire cette idée dans sa tête.

Un matin, elle reçut une lettre portant le timbre des Etats-Unis. De qui ? Elle n'avait aucune relation en Amérique. Au moment de l'ouvrir, elle pria Kimura, par un pur caprice, de la décacheter. C'était, croyait-elle, donner une arme à l'ennemi : lutter à découvert augmentait son plaisir. Avec un battement de cœur, elle se demandait quelle difficulté allait survenir à la suite de cette lecture où s'absorbait Kimura.

La lettre était d'Oka. Le jeune homme aux traits nobles et beaux traçait des caractères maladroits.

J'ai entendu dire que vous rentriez au Japon sans débarquer. Si cette nouvelle est vraie, je rentrerai moi aussi par le même bateau. Vous penserez peut-être que c'est une sottise, mais je ne saurais faire autrement. Si je suis séparé de vous, si je vis avec des inconnus, je deviendrai fou. Je vais vous dire un mot de ma famille, ce que j'ai évité de faire jusqu'ici. Je suis fils unique et ma maison a donné son nom à l'une des plus grandes entreprises du Japon. Je ne suis pas robuste et ma mère étant morte, je me suis retrouvé avec une belle-mère. Aussi mon père, ayant de l'amitié pour moi, m'envoie-t-il voyager à l'étranger. Mais je ne peux pas oublier mon pays natal. Songez que je n'ai jamais eu parmi mes parents ni parmi mes amis une personne qui se soit occupée de moi avec autant de bienveillance que vous. Il ne m'est pas possible de rester un seul jour sans vous dans ce pays étranger. N'ayant ni sœur, ni frère, je ne peux pas ne pas vous considérer comme ma véritable sœur. Prenez soin de moi, en me regardant comme votre frère cadet. Souffrez que je demeure près de vous. J'ai décidé de repartir pour le Japon, prêt à supporter les reproches de mon père et de ma famille. Je vous prie de bien vouloir faire part au commissaire de mon intention.

C'était d'un style un peu maladroit, mais quelle sincérité ! Kimura écouta Yôko lui parler de ses conversations sentimentales avec Oka. Il réfléchit, puis exprima le désir de connaître ce jeune homme, ayant pitié, dit-il, de son état. Elle pensa que son fiancé était généreux parce qu'il rencontrait un rival plus jeune que lui, et cette attitude déplut à Yôko.

« C'est décidé ! Dans ce cas je lui ferai connaître mes relations avec Kurachi, par l'intermédiaire d'Oka. Et quand il reviendra ici, fou de jalousie et de colère, j'aurai le plaisir de le remettre une fois encore sous mon joug. »

Le lendemain, Kimura arriva très énervé.

Il avait trouvé Oka seul dans une grande chambre de l'Hôtel oriental…

Ce gosse de riche, qui se plaignait du trop grand va-et-vient de Japonais dans l'hôtel, l'avait accueilli d'un air heureux, le traitant comme son frère et lui avouant son adoration pour Yôko. En l'entendant, Kimura eut l'impression que cet aveu s'échappait de son propre cœur. Tous deux pleurèrent. Un sentiment commun les liait et ils s'apitoyèrent longuement l'un sur l'autre. Kimura avait dissuadé Oka, qu'il aimait déjà comme un frère, de repartir pour le Japon.

Après avoir écouté ce récit, Yôko comprit que son ami n'avait fait aucune allusion aux assiduités du commissaire, et elle était déçue. Innocent jeune homme, délicat et souple comme une jeune fille, elle en conserverait l'image dans son cœur, tel un souvenir romanesque... Sans doute Kimura avait-il discuté avec le couple Tagawa, également descendu à l'Hôtel oriental.

Ce mot en tout cas échappa à son fiancé :

— Je ne peux pas comprendre comment vous pouvez supporter la familiarité d'un homme tel que le commissaire.

Elle l'écoutait, pressant son ventre avec sa main et fronçant les sourcils comme si elle eût beaucoup souffert, puis hochant la tête d'un air d'approbation :

— Vous avez raison, et je n'ai aucun désir de me rapprocher de cet homme, mais je lui ai causé tant d'embarras ! C'est un officier fort bienveillant, malgré son apparence, si bon que les boys et les marins l'aiment, bien qu'ils en aient peur. D'ailleurs je lui ai emprunté de l'argent.

Elle lui montra une mine chagrine.

— Vous n'aviez pas assez d'argent ?

Kimura était troublé plus encore que Yôko.

— Je vous l'ai déjà dit, n'est-ce pas ?

— Ah ! que c'est ennuyeux !

Kimura, la tête baissée, appuyée sur son poing, s'absorba dans ses réflexions.

— Combien avez-vous emprunté ?

— Avec les frais de consultation et les médicaments, en tout peut-être cent yens.

— Vous n'avez plus un sou, alors ?

— C'est au point que, si, par hasard, je ne guérissais pas avant le départ du bateau et si je devais rentrer au Japon, je serais forcée d'avoir encore recours aux bontés du commissaire, n'est-ce pas ?... Certes, je pense que je guérirai, mais il faut toujours être prévoyant, surtout quand on est en voyage.

Kimura était toujours abîmé dans ses réflexions, le poing sous le menton. Yôko le contemplait avec sérénité. Brusquement il se redressa, la fixa, comme s'il cherchait à déchiffrer quelque chose sur son front, et poussa un soupir profond.

— Yôko, faut-il que je vous croie entièrement ? Il vaudrait sans doute mieux me dire… même s'il s'agissait de votre avenir…

— Alors dites-moi ce que vous pensez.

Elle prononça ces mots d'un ton aimable, mais avec une intonation suggérant la plaisanterie, et ses yeux avaient une expression suffisamment forte pour faire taire Kimura. Ils disaient :

« Essayez de parler à la légère. Je vous obligerai bien à me demander pardon. »

Kimura détourna son regard et se tut.

— S'il vous plaît, dites-le tout de suite… tout de suite.

Elle mettait de la bienveillance et de la confiance dans le ton de ses paroles, mais il ne parlait toujours pas. Alors elle allongea le bras et, saisissant son fiancé, elle l'attira aisément vers la couchette. A moitié levée, elle approcha sa bouche de son oreille.

— Vous vous montrez trop étranger avec moi… Puisque nous sommes entre nous, vous n'avez qu'à dire tout ce que vous pensez, n'est-ce pas ?... Oh ! là, que j'ai mal… Mais, non, qu'importe ! Je ne sais pas ce que vous pensez. Dites-le-moi, tout de suite, voyons, qu'est-ce que c'est ? Je veux le savoir… Vous montrez trop de gêne envers moi… Oh ! là, ça me fait mal, ça me fait mal… Voulez-vous appuyer ici… Ça me fait mal, oh ! là, là, oh ! là, là !

Criant, les yeux clos, elle tomba de nouveau sur la couche. Elle mit la main de Kimura sur son ventre en grinçant des dents, cacha sa tête sous la couverture qui se soulevait sous le mouvement de ses épaules haletantes. Kimura s'empressa, oubliant toute inquiétude.

XX

L'*Enoshima-Maru* devait repartir pour le Japon le douzième jour après son arrivée à Seattle.

Le 15 octobre, c'est-à-dire trois jours avant le départ, Kimura fut avisé par le médecin Kôroku que Yôko, dans l'intérêt de sa santé, devait rentrer au Japon. Se doutant bien que c'était là le désir de sa fiancée, il se résigna à son malheur comme un mouton à son destin.

L'hiver commençait à envahir Seattle, cette ville du Nord. Les montagnes Rocheuses, qui s'étendaient dans le lointain, parallèlement à la côte du Pacifique, se couvraient déjà de neige, et de sombres et gros nuages avaient remplacé ceux qui reflétaient les crépuscules calmes de l'automne. On ne distinguait que la silhouette des pins qui, s'allongeant sur la côte, faisaient des taches noires. D'autres arbres, déjà dépouillés de leurs feuilles, dressaient vers le ciel leurs branches pointues. Là où l'on supposait la ville de Seattle – car on ne pouvait la voir du quai –, des fumées s'élevaient, qui semblaient être comme un bouclier fragile contre le froid tout blanc. Les passants se hâtaient sur les pavés du quai, mains dans les poches, col de pardessus relevé.

C'est dans cette métamorphose de la nature que l'*Enoshima-Maru* commença ses préparatifs de départ. Des voitures, des camions s'en approchaient dont on entendait le roulement.

Ce jour-là Kimura arriva dès le matin. Son visage pâle trahissait le trouble de son âme et invitait à la pitié. Comme, décision téméraire, il s'était déjà engagé à acheter des marchandises avec les ressources que lui avait fournies l'héritage de son père, il avait peu de fonds à sa disposition. Certes, il avait attendu Yôko par amour ; mais il avait bien espéré aussi qu'elle apporterait quelque argent personnel. Et voici qu'il devait payer son retour au Japon ! Après la joie éphémère de la rencontre, la solitude et l'hiver allaient de nouveau l'envelopper !...

Il pria le commissaire de venir dans la cabine de Yôko. Kurachi arriva en vêtements de travail, l'air très affairé. Kimura lui offrit une chaise et, se montrant pour la première fois aimable vis-à-vis de cet homme, lui demanda de mille manières de s'occuper de Yôko. Changeant aussitôt de physionomie, le commissaire s'assit avec calme. Il regarda Kimura bien en face et, d'un air imposant, l'écouta attentivement. Kimura se sentit gêné. Il prit dans son portefeuille un chèque de cinquante dollars qu'il remit à Yôko.

— J'ose dire en présence du commissaire que c'est tout ce que je peux faire.

Avec un lamentable sourire, il montra ses mains vides et tapa ses poches. Il n'avait plus sa chaîne en or et trois bagues manquaient à ses doigts. Une seule restait à l'annulaire, comme abandonnée, celle de ses fiançailles !

Yôko manifesta son étonnement.

— Moi, je peux vivre tant bien que mal ; il est toujours possible à un homme de travailler n'importe comment. Les épreuves trempent le caractère, toutes les expériences sont instructives… Mais pour vous, Yôko ?... Ce chèque est si peu de chose, j'ai honte de ne pas avoir plus. Commissaire, je vous remercie infiniment de bien vouloir prendre soin de Yôko. Vraiment nous sommes pauvres, comme vous le voyez ! Mais quand elle arrivera à Yokohama, j'aurai eu le temps de gagner de l'argent. Ce n'est que pour lui permettre de rentrer que je vous prie de faire le nécessaire…

Le commissaire écoutait, les bras croisés, dévisageant Kimura.

— Vous n'avez plus rien ?

Le malheureux répondit avec un rire forcé, secouant son gilet, d'un air qu'il voulait rendre gai :

— Rien ! Rien !

— Ça ne va pas !

Kurachi avait sa voix rauque, il était de mauvaise humeur.

— Ce n'est pas la peine de payer d'avance. Vous pouvez payer au siège social, à Tôkyô, c'est faisable. D'ailleurs le directeur de la succursale de Yokohama sera mis au courant. Vous n'avez nullement besoin de vous inquiéter. Reprenez donc ce chèque... En pays étranger surtout, le manque d'argent est affreusement gênant.

Kimura en convint, mais se fit néanmoins prier. Il n'osa pas résister davantage à l'insistance bienveillante du commissaire. Son unique désir était que Yôko fût heureuse pendant la traversée.

— Oui, oui, oui, c'est entendu, je me charge de Mme Satsuki.

Kurachi envoya à Yôko un sourire audacieux...

En d'autres circonstances, elle aurait défendu Kimura contre Kurachi, car chaque fois qu'elle avait vu un fort opprimer un faible, elle s'était fâchée et efforcée de donner la victoire au faible, qu'il eût tort ou raison. Et non seulement Kimura avait besoin de protection, mais encore sa pauvreté aurait dû lui inspirer de la compassion. Néanmoins le cœur de Yôko ne s'émut pas. D'ailleurs, jeunesse, beauté, richesse, intelligence, tout était insignifiant à ses yeux en comparaison de la force de Kurachi. Auprès de lui, le faible même faisait triste figure.

— Oui, oui, oui, c'est entendu, je me charge de Mme Satsuki.

A cette voix et à ce sourire triomphants, Yôko voulut répondre par une expression de bonheur, mais, Kimura la regardant, elle s'en abstint.

— Alors, vous n'avez plus rien à me dire ? J'ai beaucoup à faire, je m'en vais.

Hors de la vue de Kurachi, les sentiments de Yôko changèrent. Elle avait assisté à l'entretien des deux hommes comme à une scène de théâtre, avec des yeux amusés. Subitement elle songea au cœur triste et solitaire de Kimura, et s'attendrit un peu, sans savoir si elle avait pitié de lui ou d'elle-même. Ses yeux se firent humbles. Alors Kimura, qui l'observait en silence, s'écria soudain :

— Yôko ! Si vous pleurez maintenant, je ne pourrai supporter ma propre tristesse. Ne pleurez plus ! Des jours heureux viendront pour nous. Celui qui croit en Dieu... Je ne sais si vous avez encore la foi ou non. Votre mère était une croyante fervente et vous aussi certainement autrefois. Dans un moment comme celui-ci, je voudrais que nous marchions ensemble avec la même confiance, le même espoir. Dieu peut tout... C'est parce que je crois que j'espère.

Il parlait d'un ton décidé.

Quel espoir ?

Yôko connaît mieux que Dieu l'avenir de Kimura ! L'espoir de Kimura se changera bientôt en déception, et, à la fin, en désespoir.

Quelle confiance ?

Aux yeux de Kimura, Yôko ouvre un chemin vers l'idéal – échelle de nuages le long de laquelle descendent et montent les anges !

Quelle est donc cette foi ?

Yôko se regardait, lucide. « Moi qui ai cette force de leurrer comme il me plaît Kimura, je suis à mon tour à la merci de quelqu'un d'encore plus fort. Une main magique conduit mon destin, inexorablement. Qui peut garantir que mon espoir ne sera pas flétri avant celui de Kimura qui est vraiment un honnête homme. Moi, une femme cruelle ! »

Yôko se sentit momentanément déprimée.

— Kimura, vous qui êtes sans reproche, vous recevrez, à la fin, la bénédiction du Ciel. Quoi qu'il vous arrive, vous ne devez pas désespérer. On ne peut pas imaginer qu'un honnête homme comme vous puisse ne rencontrer que le malheur... Moi, je suis née maudite. Je suis plutôt faite pour haïr... Ecoutez, je n'aime pas la lâcheté. Je crois en Dieu et j'attends... J'attends, en ouvrant de grands yeux, ce que Dieu fera pour une femme comme moi.

Mais aussitôt elle fut mécontente d'elle-même.

— J'attends ! Voilà ma foi... Vous direz peut-être que cela n'est point de la foi...

Elle essuya avec son mouchoir les larmes brûlantes qui emplissaient ses yeux sans pouvoir vraiment couler, et regardant résolument Kimura qui baissait la tête :

— Maintenant cessons cette conversation ! Plus nous parlons sur ce sujet et plus l'avenir nous paraît sombre. Quand on est vraiment malheureux, on ne discute pas ! Je vous désespère par mes plaintes. Et vous, vous êtes un homme, soyez courageux !

Kimura baissait toujours la tête.

Quelqu'un entra en s'excusant. C'était le vieux marin qui s'était cassé le pied et avait reçu les soins de Yôko. Il annonça qu'il ne pouvait plus naviguer, qu'il irait chez son neveu, propriétaire d'une petite ferme à Oakland, qu'il venait dire adieu et un dernier merci à sa bienfaitrice.

Yôko, cillant de ses yeux rougis, eut quelques mots de consolation.

— Quand on est vieux comme moi, on ne fait pas ce métier ! Le commissaire, par bonté, m'employait à bord. Je travaillais, comptant sur l'indulgence des autres... Voilà ma punition !

Il rit à ces derniers mots, timidement. Elle comprit que le vieux marin n'avait plus de famille au Japon et qu'elle n'aurait donc pas à apporter de ses nouvelles à qui que ce fût ! Quelle pitié ! Malgré les protestations de Kimura, qui craignait toujours une aggravation de son état, elle se leva pour mettre les fruits que son fiancé lui avait apportés dans un panier :

— Vous aurez peut-être beaucoup de ces fruits à terre, mais emportez ceux-ci et si vous trouvez dans la corbeille quelque chose d'autre, dites-vous que je vous l'aurai donné, mais faites attention de ne pas vous le faire prendre.

Sur le visage de Yôko, une gaîté juvénile était apparue comme un lever de soleil.

Elle s'exclama avec un sourire gamin :

— Comme il est simple et franc ! Je voudrais au moins une fois être la femme d'un tel vieillard... c'est pourquoi je lui ai fait ce cadeau.

Puis elle regarda innocemment le visage maussade de Kimura.

— Je lui ai donné votre anneau de fiançailles... parce que je n'avais rien d'autre.

Elle minauda toutes sortes d'amabilités et, à mesure qu'elle parlait, ses dents blanches et jolies formaient comme des vagues de sourire sur le rivage sombre de ses lèvres.

Cependant Kimura persistait dans son expression désapprobatrice. Ne concevant pas un tel caprice, il cherchait des mots de blâme. Mais, au bout du compte, il soupira profondément comme s'il s'était résigné à tout.

Devant ce mécontentement, le sentiment de révolte, qui s'était apaisé un instant dans le cœur de Yôko, revint en tourbillon. « Comme il est peu viril ! » Le besoin de le vexer la reprit et, parée de son grand air innocent, elle reprit :

— Kimura, je voudrais que vous m'achetiez quelques cadeaux. Pour mes sœurs surtout. Si je n'ai rien à offrir, il me sera pénible de revoir mes parents, ainsi que Kotô… Je suppose que la lettre de Mme Tagawa à l'adresse de Mme Isokawa est arrivée et qu'elle a causé un grand scandale à Tôkyô. Je ne pourrai pas supporter que l'on vous reproche de m'avoir laissée rentrer les mains vides. Songez que j'ai donné tant de soucis à ma famille lors de mon départ et tant de préoccupations pendant mon absence. Aussi devriez-vous acheter quelque chose qui surprenne ces gens-là, vous pouvez… avec l'argent de tout à l'heure…

Kimura, comme pour consoler une enfant gâtée :

— C'est entendu, puisque vous le désirez, j'achèterai des cadeaux, mais… je préférerais que vous emportiez cet argent. Vous savez que la plupart des voyageurs achètent les cadeaux à faire seulement à leur arrivée à Yokohama, c'est plus facile.

— Mais on peut voir tout de suite que ces objets sont confectionnés au Japon… Regardez ça…

Elle montra son chapeau.

— Quand je l'ai acheté à Yokohama avec Kotô j'ai cru avoir bien choisi, mais maintenant que j'en ai vu d'autres portés par des étrangères, je ne peux plus le souffrir. J'ai vu aussi Mme Tagawa dans une robe européenne faite au Japon !...

Kimura examinait le chapeau.

— Oui, vraiment, il est assez démodé, mais la qualité est supérieure.

— Justement ! Plus la qualité est bonne, plus une telle chose est laide, une fois démodée… Vous avez besoin bien sûr de l'argent du chèque ?

— Mais non, il est à vous.

Et, comme si elle n'avait pas entendu :

— Vraiment, je vous demande pardon de ne plus avoir songé à vos propres soucis financiers… Je ne peux pas accepter cet argent !

Kimura sortit, ayant bien compris qu'il ne pouvait faire autrement que d'acheter les objets désirés.

Le soir, le commissaire vint. Yôko l'accueillit d'un air boudeur.

— Enfin, ça y est ! C'est à 10 heures du matin, le 19. Tu comprends ? Le départ !

Elle ne répondit pas à ces paroles joyeuses. Il la dévisagea.

— Bandit ! lui lança-t-elle avec un regard méchant.

— Quoi ?
Il haussait le ton, mais restait souriant.

— C'est la première fois que je vois un homme aussi cruel que toi. Pense à Kimura qui est malheureux… Tu es un homme terrible…

— Quoi ?

Le commissaire cria ce dernier mot et s'approcha de la couchette.

— Laisse-moi !

Mais en voyant le visage de cet homme simple, sauvage et franc, l'ombre d'un sourire erra sur ses lèvres qu'elle tenait serrées. Kurachi s'écria avec une expression de mécontentement :

— Qu'est-ce que tu me racontes !

Il approcha sa chaise du hublot et, allongeant ses longues jambes, commença à lire les journaux du soir en les ouvrant tout grands.

Contrairement à l'effet produit par Kimura, le commissaire paraissait rétrécir la cabine par sa seule présence. Ses chaussures étaient si larges que Yôko avait envie de rire. Elle regarda des pieds à la tête ce tyran qui avait l'air d'un grand enfant.

On n'entendait que le froissement des journaux qu'il lisait. L'obscurité se faisait peu à peu.

Yôko songea à Kimura… Il a touché à la banque la valeur du chèque, puis fait quelques emplettes avant la fermeture des magasins et se dirige maintenant, en les portant sous son bras, vers l'hôtel japonais de la rue Jackson. Les réverbères éclairent déjà les rues et les ouvriers traînent leurs jambes fatiguées dans le brouillard froid. Le voici dans sa chambre. Le charbon de mauvaise qualité qui garnit le poêle dégage de la fumée et la lumière aveuglante de l'électricité emplit la pièce vide et sale. Sous cette vive clarté, Kimura réfléchit en regardant le feu. Bientôt des larmes faciles couleront sans arrêt.

Le commissaire tourna la page de son journal avec un léger bruit.

Kimura pleure, sa tête dans ses mains ; il prie Dieu…

Yôko détourna son regard et, levant les yeux, elle voulut écouter la prière de Kimura. Elle pensa pouvoir entendre sa voix entremêlée de larmes. Elle fronça ses sourcils pour concentrer son attention et essayer de percevoir ce qu'il pensait d'elle. Le commissaire tourna bruyamment une autre page du journal. Yôko s'arracha une seconde à ses réflexions, mais bientôt elles revinrent, comme une feuille après la rencontre d'un obstacle recommence à flotter au fil de la rivière.

C'est Oka maintenant qui lui apparaît. Pauvre Oka ! Il ne dort pas encore… Toujours pelotonné devant le feu presque éteint, sans sommeil. Est-ce Kimura ou Oka ?… Le froid, à mesure que la nuit avance, envahit de plus en plus le corps de celui qui veille… Tout le monde dort, mais cet homme, assis en boule sur sa chaise, ignore le froid… Tout le monde dort… Yôko elle-même, paisiblement, sur une poitrine…

Elle rêve, soupire… Son cœur est plein de tout le pathos que soulève la lecture d'un roman.

— Tu ne te couches pas ?

Elle s'adresse à son amant d'une voix frêle et gentille. Il plane un tel silence qu'elle n'ose parler plus haut.

— Si...

C'est sa réponse, mais il continue à lire en fumant son cigare. Du temps s'écoule, le commissaire bâille.

— Enfin, j'ai fini. Je me couche.

Il entre dans le lit étroit. Elle se fait petite et mince contre sa large poitrine. Son corps tremble légèrement. Mais une respiration calme comme celle d'un enfant sort de sa bouche. Dans l'obscurité, Kurachi a les yeux grands ouverts. Il appelle Yôko à voix basse sans parvenir à troubler la respiration heureuse et régulière… La nuit est déjà bien avancée.

Elle se réveille en sursaut, elle vient d'avoir un cauchemar terrible, elle a assassiné un homme… un homme qui avait deux yeux superposés ! De l'œil du dessus du sang noir coulait à flots. Mort. L'homme rit d'un rire sinistre : « Aha ! aha ! aha ! Kimura ! Kimura ! »

Au début, la voix restait fluette, mais bientôt elle s'enfla, se précipita comme des appels :

Kimura !
Kimura ! Kimura !
Kimura ! Kimura ! Kimura !
Kimura ! Kimura ! Kimura ! Kimura !
Kimura ! Kimura ! Kimura ! Kimura ! Kimura !

Ces cris enveloppaient Yôko de toutes parts. Elle essaya de les fuir, mais ni ses jambes, ni ses bras ne pouvaient remuer. Alors qu'elle se trouvait réveillée dans les ténèbres, dans le froid, ce cauchemar affreux semblait se poursuivre au rythme formidable des battements de son cœur. Elle tâta timidement à ses côtés… Une poitrine… Celle du commissaire !

— Oh ! Kurachi !

Elle appela son amant d'une voix blanche. Il était plongé dans le sommeil. Au comble de la frayeur, dans une appréhension inexprimable, elle secoua énergiquement le torse de l'homme. Kurachi dormait comme une souche…

Achevé d'imprimer
sur les presses de
GROUPE
Parc d'activités de la plaine de Jouques
200, avenue de Coulin
13420 Gémenos

Dépôt légal : avril 1998